LAS ÚLTIMAS CREACIONES DE CRÈME BRÛLÉE

Domina el postre francés clásico con 100 recetas deliciosas

Manuela Soler

Material con derechos de autor ©2023

Reservados todos los derechos

Ninguna parte de este libro puede usarse ni transmitirse de ninguna forma ni por ningún medio sin el debido consentimiento por escrito del editor y del propietario de los derechos de autor, excepto las breves citas utilizadas en una reseña. Este libro no debe considerarse un sustituto del asesoramiento médico, legal o de otro tipo profesional.

TABLA DE CONTENIDO

TABLA DE CONTENIDO 4
INTRODUCCIÓN 7
BRÛLEE FLORAL 8
   1. Crema brulée de lavanda 9
   2. Crema Brulée De Rosas 11
   3. Crème Brûlée de Azahar 13
   4. Crema brulée de flor de saúco 15
   5. Crème Brulée de violeta 17
   6. Crema brulée de agua de rosas 19
   7. Crema brulée de hibisco 21
   8. Crema brulée de azahar 23
   9. Crema brulée de flor de saúco 25
   10. Creme brulée de limón y lavanda 27
CREME BRÛLÉES DE CARAMELO Y CAFÉ 29
   11. Dalgona Crème Brulée 30
   12. Flan de chocolate 33
   13. Crema brulée de caramelo y vainilla Baileys 35
   14. Creme Brûlée de tiramisú sin lactosa 37
   15. Crema brulée de té con leche y boba 39
   16. Creme brulée de chocolate y caramelo 42
   17. Crema brulée de chocolate mexicana 44
   18. Crème Brulée De Moca 46
   19. Crema Brûlée de achicoria 48
   20. Crema Brulée Espresso 50
BOOZY BRÛLÉE 52
   21. Baileys Crème Brulée 53
   22. Amaretto Crème Brulée 56
   23. Crème brulée de ron y coco 58
   24. Crème brulée de vainilla y bourbon 60
   25. Crema Brulée de Café Kahlua 62
BRÛLEE DE FRUTAS 64
   26. Brulée de pomelo 65
   27. Mango brulée 67
   28. Tarta Brulée De Limón 69
   29. Ice Brûlée de limón con caramelo 71

30.	Crème Brûlée de Macadamia con Frutas Tropicales	73
31.	Crema brulée de plátano picante	75
32.	Crema brulée de lima y lima	77
33.	Crema brulée de fresa	79
34.	Crema brulée de chocolate y naranja	81
35.	Brulée cremosa de frutas	83
36.	Crème Brûlée de chocolate con plátanos caramelizados	85
37.	Tapioca Brûlée con frutas frescas de verano	88
38.	Crème Brûlée con Frambuesas	90
39.	Creme Brûlée de Coco de las Antillas Francesas	92
40.	Creme Brûlées con coulis de frambuesa	94
41.	Creme Brûlée de frambuesa y chocolate blanco	96
42.	Crema brulée de frambuesa y rosa	98
43.	Crema brulée de naranja sanguina	100
44.	Crema brulée de mascarpone y limón	102
45.	Crema brulée de tarta de queso y fresas	104
46.	Crema brulée de lima y lima	106
47.	Creme brulée de coco y lima	108
48.	Creme brûlées de natillas de ron con caramelo y plátanos	110
49.	Crema brûlée de cerezas frescas	113
50.	Creme brûlée de frambuesa negra	115

GRANOS BRÛLÉE 117

51.	Brûlée de avena escocesa	118
52.	Crema brulée de maíz dulce	120
53.	Arroz con leche brulée	122

BRÛLEE VEGGIE 124

54.	Budín Brûlée De Pan De Calabaza	125
55.	Crema brulée de jengibre y chile	127
56.	Brulée de ruibarbo	129
57.	Crema brulée de calabaza	131
58.	Ube Crème Brulée	133
59.	Creme Brûlée de Zanahoria con Microgreens	135
60.	Crema brulée de calabaza	137
61.	Crema brulée de calabaza y salvia	140
62.	Crema brulée de camote	142
63.	Creme brulée de batata y salvia	144
64.	Crema brulée de cangrejo y espárragos	147
65.	Creme brûlée de ñame rojo	149

BRÛLÉE DE NUEZ 152

- 66. Crème brulée de chocolate y almendras 153
- 67. Brulée de queso y nueces 155
- 68. Crema brûlée de avellanas 157
- 69. Crème brulée de pistacho 159
- 70. Crema brûlée de nueces 161
- 71. Crema brulée de nueces pecanas 163
- 72. Crema brulée de pistacho 165
- 73. Crema brulée de nueces pecanas 167
- 74. Crema brulée de anacardos 169
- 75. Crema brulée de nueces de Brasil 171
- 76. Crema brulée de almendras 173
- 77. Crème brulée de almendras 175

BRÛLÉE DE HIERBAS Y ESPECIAS 177

- 78. Creme Brûlée de limón y laurel 178
- 79. Crema brulée de cardamomo 180
- 80. Crema brulée de jengibre 182
- 81. Crème Brulée de menta 184
- 82. Crema brulée de cardamomo 186
- 83. Crema brulée de jengibre 188
- 84. Creme brulée de horchata picante 190
- 85. Crema brulée de pimienta de Jamaica 193
- 86. Crema brulée de calabaza y especias 195
- 87. Crema brulée especiada de Chai 197
- 88. Crema brulée de romero 199
- 89. Crema brulée de anís estrellado 201
- 90. Crema brulée de canela 203
- 91. Crema Brulée de Matcha 205
- 92. Crema brûlée de chocomint 207
- 93. Crema brulée de romero 209
- 94. Crema brulée de menta 211
- 95. Crema brulée de salvia 213
- 96. Creme brulée de azafrán y cardamomo 215

RECETAS INSPIRADA EN BRÛLÉE 217

- 97. Creme Brulée tostada francesa 218
- 98. Pastel de crema brulée 220
- 99. Helado brulée 222
- 100. Helado de azafrán brulée con grosellas negras 224

CONCLUSIÓN 226

INTRODUCCIÓN

Bienvenido al mundo de la crème brûlée, donde las deliciosas natillas se combinan con una corteza de azúcar caramelizada en una danza armoniosa de sabores y texturas. En este libro de cocina, te invitamos a un viaje encantador lleno de irresistibles creaciones de natillas que elevarán tu juego de postres a nuevas alturas. Ya sea un pastelero experimentado o un cocinero casero novato, esta colección de 100 deliciosas recetas de crème brûlée está diseñada para inspirar y deleitar sus papilas gustativas.

Ingrese a nuestra cocina de crème brûlée mientras compartimos los secretos para lograr la base de natilla perfecta, suave como la seda y la superficie caramelizada tentadoramente crujiente. Desde la tradicional crème brûlée de vainilla hasta combinaciones de sabores innovadoras como chocolate, naranja y miel de lavanda, encontrará una receta para satisfacer cada antojo. También hemos incluido variaciones según las preferencias dietéticas, como opciones veganas, sin gluten y sin lácteos, para que todos puedan saborear la magia de este postre atemporal.

Con cada receta, proporcionamos instrucciones detalladas, consejos útiles y fotografías impresionantes para guiarlo a través del proceso, asegurando que sus crème brûlées queden impecables en todo momento. Descubra técnicas para infundir sabores únicos, dominar la capa brûlée perfecta y presentar sus creaciones con estilo. Ya sea que esté organizando una cena, celebrando una ocasión especial o simplemente disfrutando de un dulce capricho, estas recetas lo impresionarán y deleitarán tanto a usted como a sus invitados.

BRÛLEE FLORAL

1. Crema brulée de lavanda

INGREDIENTES:
- 1 taza de crema espesa
- 1 taza de leche entera
- 4 yemas de huevo
- ½ taza de azúcar granulada
- 2 cucharadas de lavanda culinaria seca
- Azúcar granulada, para caramelizar

INSTRUCCIONES:

a) Precalienta tu horno a 325°F (160°C).

b) En una cacerola calienta la nata, la leche y la lavanda seca a fuego medio hasta que empiece a hervir a fuego lento. Retirar del fuego y dejar reposar la lavanda durante unos 10 minutos.

c) Colar la mezcla de crema a través de un colador de malla fina para quitar la lavanda.

d) En un recipiente aparte, mezcle las yemas de huevo y el azúcar hasta que estén bien combinados.

e) Vierta lentamente la mezcla de crema con infusión de lavanda en la mezcla de yema de huevo, batiendo continuamente.

f) Divida la mezcla entre moldes o platos aptos para horno.

g) Coloque los moldes en una fuente para horno y llénelo con agua caliente hasta que llegue a la mitad de los lados de los moldes.

h) Hornee durante unos 35 a 40 minutos, o hasta que la crema esté firme pero todavía ligeramente temblorosa en el centro.

i) Retire los moldes del baño María y déjelos enfriar a temperatura ambiente. Luego refrigere por al menos 2 horas o toda la noche.

j) Justo antes de servir, espolvorea una fina capa de azúcar granulada encima de cada natilla. Usa un soplete de cocina para caramelizar el azúcar hasta que se forme una corteza crujiente.

k) Deje que el azúcar se endurezca durante unos minutos, luego sirva y disfrute.

2. Crema Brulée De Rosas

INGREDIENTES:
- 2 tazas de crema espesa
- ½ taza de azúcar granulada
- 1 cucharada de pétalos de rosa secos
- 6 yemas de huevo grandes
- ½ cucharadita de agua de rosas
- Azúcar extra granulada para caramelizar

INSTRUCCIONES:

a) Precalienta el horno a 325°F (160°C). Coloque seis moldes en una fuente para horno.

b) En una cacerola, calienta la crema espesa y los pétalos de rosa secos a fuego medio hasta que comience a hervir a fuego lento. Retirar del fuego y dejar reposar durante 10 minutos.

c) En un tazón, mezcle las yemas de huevo, el azúcar granulada y el agua de rosas hasta que estén bien combinados.

d) Cuela la mezcla de crema con infusión de rosas para quitar los pétalos y luego viértela lentamente en la mezcla de huevo, batiendo constantemente.

e) Divida la mezcla uniformemente entre los moldes. Coloque la fuente para hornear con los moldes sobre la rejilla del horno y vierta con cuidado agua caliente en la fuente para hornear hasta llegar aproximadamente a la mitad de los lados de los moldes.

f) Hornee durante unos 35-40 minutos, o hasta que los bordes estén firmes pero los centros todavía se muevan ligeramente.

g) Retire los moldes del baño María y déjelos enfriar a temperatura ambiente. Luego refrigere durante al menos 2 horas o hasta que esté completamente frío.

h) Cuando esté listo para servir, espolvoree una fina capa de azúcar granulada sobre cada crème brûlée. Utilice un soplete de cocina para caramelizar el azúcar hasta que se forme una costra dorada. Deje que el azúcar se endurezca durante unos minutos antes de servir.

3. <u>Crème Brûlée de Azahar</u>

INGREDIENTES:
- 2 tazas de crema espesa
- ½ taza de azúcar granulada
- 1 cucharada de agua de azahar
- 6 yemas de huevo grandes
- ½ cucharadita de extracto de vainilla
- Azúcar extra granulada para caramelizar

INSTRUCCIONES:

a) Precalienta tu horno a 325°F (160°C). Coloque seis moldes en una fuente para horno.

b) En una cacerola calienta la nata espesa y el azúcar granulada a fuego medio hasta que empiece a hervir a fuego lento. Retire del fuego y agregue el agua de azahar y el extracto de vainilla.

c) En un tazón, bata las yemas de huevo hasta que estén bien combinadas. Vierta lentamente la mezcla de crema sobre las yemas de huevo, batiendo constantemente.

d) Divida la mezcla uniformemente entre los moldes. Coloque la fuente para hornear con los moldes sobre la rejilla del horno y vierta con cuidado agua caliente en la fuente para hornear hasta llegar aproximadamente a la mitad de los lados de los moldes.

e) Hornee durante unos 35-40 minutos, o hasta que los bordes estén firmes pero los centros todavía se muevan ligeramente.

f) Retire los moldes del baño María y déjelos enfriar a temperatura ambiente. Luego refrigere durante al menos 2 horas o hasta que esté completamente frío.

g) Cuando esté listo para servir, espolvoree una fina capa de azúcar granulada sobre cada crème brûlée. Utilice un soplete de cocina para caramelizar el azúcar hasta que se forme una costra dorada. Deje que el azúcar se endurezca durante unos minutos antes de servir.

4. Crema brulée de flor de saúco

INGREDIENTES:
- 2 tazas de crema espesa
- ½ taza de azúcar granulada
- 2 cucharadas de jarabe de flor de saúco
- 6 yemas de huevo grandes
- ½ cucharadita de ralladura de limón
- Azúcar extra granulada para caramelizar

INSTRUCCIONES:

a) Precalienta el horno a 325°F (160°C). Coloque seis moldes en una fuente para horno.

b) En una cacerola calienta la nata espesa y el azúcar granulada a fuego medio hasta que empiece a hervir a fuego lento. Retire del fuego y agregue el almíbar de flor de saúco y la ralladura de limón.

c) En un tazón, bata las yemas de huevo hasta que estén bien combinadas. Vierta lentamente la mezcla de crema sobre las yemas de huevo, batiendo constantemente.

d) Divida la mezcla uniformemente entre los moldes. Coloque la fuente para hornear con los moldes sobre la rejilla del horno y vierta con cuidado agua caliente en la fuente para hornear hasta llegar aproximadamente a la mitad de los lados de los moldes.

e) Hornee durante unos 35-40 minutos, o hasta que los bordes estén firmes pero los centros todavía se muevan ligeramente.

f) Retire los moldes del baño María y déjelos enfriar a temperatura ambiente. Luego refrigere durante al menos 2 horas o hasta que esté completamente frío.

g) Cuando esté listo para servir, espolvoree una fina capa de azúcar granulada sobre cada crème brûlée. Utilice un soplete de cocina para caramelizar el azúcar hasta que se forme una costra dorada. Deje que el azúcar se endurezca durante unos minutos antes de servir.

5. Crème Brulée de violeta

INGREDIENTES:
- 2 tazas de crema espesa
- ½ taza de azúcar granulada
- 1 cucharada de pétalos de violeta secos
- 6 yemas de huevo grandes
- ½ cucharadita de extracto de vainilla
- Azúcar extra granulada para caramelizar

INSTRUCCIONES:

a) Precalienta tu horno a 325°F (160°C). Coloque seis moldes en una fuente para horno.

b) En una cacerola, calienta la crema espesa y los pétalos de violeta secos a fuego medio hasta que comience a hervir a fuego lento. Retirar del fuego y dejar reposar durante 10 minutos.

c) En un tazón, mezcle las yemas de huevo, el azúcar granulada y el extracto de vainilla hasta que estén bien combinados.

d) Cuela la mezcla de crema con infusión de violeta para quitarle los pétalos y luego viértela lentamente en la mezcla de huevo, batiendo constantemente.

e) Divida la mezcla uniformemente entre los moldes. Coloque la fuente para hornear con los moldes sobre la rejilla del horno y vierta con cuidado agua caliente en la fuente para hornear hasta llegar aproximadamente a la mitad de los lados de los moldes.

f) Hornee durante unos 35-40 minutos, o hasta que los bordes estén firmes pero los centros todavía se muevan ligeramente.

g) Retire los moldes del baño María y déjelos enfriar a temperatura ambiente. Luego refrigere durante al menos 2 horas o hasta que esté completamente frío.

h) Cuando esté listo para servir, espolvoree una fina capa de azúcar granulada sobre cada crème brûlée. Utilice un soplete de cocina para caramelizar el azúcar hasta que se forme una costra dorada. Deje que el azúcar se endurezca durante unos minutos antes de servir.

6. Crema brulée de agua de rosas

INGREDIENTES
- 1 taza de azúcar
- 4 huevos
- 2 tazas de leche entera
- ½ taza de crema espesa
- 1 cucharadita de extracto de vainilla
- ¼ taza de agua de rosas

INSTRUCCIONES

a) Precalienta el horno a 350°F.

b) En una cacerola pequeña, derrita el azúcar a fuego medio hasta que se convierta en un caramelo dorado.

c) Vierta el caramelo en un molde para pasteles redondo de 9 pulgadas, girando el molde para cubrir el fondo y los lados.

d) En un tazón grande, mezcle los huevos, la leche, la crema, el extracto de vainilla y el agua de rosas hasta que quede suave.

e) Vierta la mezcla de huevo en el molde para pasteles y coloque el molde en una fuente para hornear más grande llena de agua caliente, creando un baño de agua.

f) Hornee durante 50 a 60 minutos, o hasta que la crema brûlée esté firme pero aún se mueva ligeramente en el centro.

g) Retire la sartén del baño maría y déjela enfriar a temperatura ambiente.

h) Cubra y enfríe en el refrigerador durante al menos 2 horas o toda la noche.

i) Para servir, pase un cuchillo por el borde de la sartén e invierta la crema brûlée en una fuente para servir.

7. Crema brulée de hibisco

INGREDIENTES
- 1 taza de crema espesa
- 1 taza de leche entera
- ½ taza de azúcar
- 4 huevos
- 2 cucharadas de flores secas de hibisco
- Colorante alimentario rojo (opcional)

INSTRUCCIONES

a) Precalienta el horno a 350°F (175°C).

b) En una cacerola mediana, calienta la nata, la leche y el azúcar a fuego medio hasta que el azúcar se disuelva.

c) Agrega las flores de hibisco secas y déjalas reposar durante 10 a 15 minutos.

d) En un recipiente aparte, bata los huevos.

e) Cuela la mezcla de crema de hibisco a través de un colador de malla fina.

f) Vierta lentamente la mezcla de crema de hibisco en la mezcla de huevo, batiendo constantemente.

g) Agregue colorante rojo para alimentos, si lo desea.

h) Vierta la mezcla en una fuente para horno de 23 cm (9 pulgadas).

i) Coloque la fuente para hornear en una fuente para hornear más grande o en una fuente para asar y llene la fuente más grande con suficiente agua caliente para llegar hasta la mitad de los lados de la fuente más pequeña.

j) Hornee durante 45 a 50 minutos, o hasta que los bordes estén firmes pero el centro aún se mueva ligeramente.

k) Retirar del horno y dejar enfriar a temperatura ambiente.

l) Enfriar en el frigorífico durante al menos 2 horas antes de servir.

8. Crema brulée de azahar

INGREDIENTES
- 1 taza de crema espesa
- 1 taza de leche entera
- ½ taza de azúcar
- 4 huevos
- 1 cucharadita de agua de azahar
- Ralladura de naranja (opcional)

INSTRUCCIONES
a) Precalienta el horno a 350°F (175°C).
b) En una cacerola mediana, calienta la nata, la leche y el azúcar a fuego medio hasta que el azúcar se disuelva.
c) En un recipiente aparte, bata los huevos y el agua de azahar.
d) Vierta lentamente la mezcla de crema en la mezcla de huevo, batiendo constantemente.
e) Colar la mezcla a través de un colador de malla fina.
f) Vierta la mezcla en una fuente para horno de 23 cm (9 pulgadas).
g) Coloque la fuente para hornear en una fuente para hornear más grande o en una fuente para asar y llene la fuente más grande con suficiente agua caliente para llegar hasta la mitad de los lados de la fuente más pequeña.
h) Hornee durante 45 a 50 minutos, o hasta que los bordes estén firmes pero el centro aún se mueva ligeramente.
i) Retirar del horno y dejar enfriar a temperatura ambiente.
j) Enfriar en el frigorífico durante al menos 2 horas antes de servir.
k) Adorne con ralladura de naranja, si lo desea.

9. Crema brulée de flor de saúco

INGREDIENTES

- 1 taza de crema espesa
- 1 taza de leche entera
- ½ taza de azúcar
- 4 huevos
- 1 cucharadita de cordial de flor de saúco
- Flores de saúco frescas (opcional)

INSTRUCCIONES

a) Precalienta el horno a 350°F (175°C).

b) En una cacerola mediana, calienta la nata, la leche y el azúcar a fuego medio hasta que el azúcar se disuelva.

c) En un recipiente aparte, bata los huevos y el cordial de flor de saúco.

d) Vierta lentamente la mezcla de crema en la mezcla de huevo, batiendo constantemente.

e) Colar la mezcla a través de un colador de malla fina.

f) Vierta la mezcla en una fuente para horno de 23 cm (9 pulgadas).

g) Coloque la fuente para hornear en una fuente para hornear más grande o en una fuente para asar y llene la fuente más grande con suficiente agua caliente para llegar hasta la mitad de los lados de la fuente más pequeña.

h) Hornee durante 45 a 50 minutos, o hasta que los bordes estén firmes pero el centro aún se mueva ligeramente.

i) Retirar del horno y dejar enfriar a temperatura ambiente.

j) Enfriar en el frigorífico durante al menos 2 horas antes de servir.

k) Adorne con flores de saúco frescas, si lo desea.

10. Creme brulée de limón y lavanda

INGREDIENTES
- 1 taza de azúcar
- 1 ½ tazas de crema espesa
- ½ taza de leche entera
- 6 huevos grandes
- ¼ cucharadita de sal
- ¼ de taza de jugo de limón fresco
- 1 cucharada de ralladura de limón
- 2 cucharaditas de flores secas de lavanda
- Crema batida y flores de lavanda adicionales para servir

INSTRUCCIONES
a) Precalienta el horno a 325°F.
b) En una cacerola mediana, calienta el azúcar a fuego medio, revolviendo constantemente hasta que se derrita y se dore.
c) Vierta el azúcar derretida en un molde de crema brûlée de 9 pulgadas, girando para cubrir el fondo y los lados del molde.
d) En una cacerola pequeña, caliente la crema espesa, la leche entera, el jugo de limón, la ralladura de limón y las flores de lavanda a fuego medio, revolviendo constantemente hasta que hierva a fuego lento.
e) En un recipiente aparte, mezcle los huevos y la sal.
f) Vierta lentamente la mezcla de crema caliente en la mezcla de huevo, batiendo constantemente.
g) Colar la mezcla por un colador de malla fina y verter en el molde de crème brûlée.
h) Coloque el molde en una fuente para hornear grande y llénela con suficiente agua caliente para llegar hasta la mitad de los lados del molde.
i) Hornee durante 50 a 60 minutos o hasta que la crema brûlée esté firme y se mueva ligeramente al agitarla.
j) Retirar del horno y dejar enfriar a temperatura ambiente antes de refrigerar durante al menos 2 horas o toda la noche.
k) Para servir, pase un cuchillo por los bordes del molde e inviértalo en una fuente para servir. Sirva con crema batida y una pizca de flores de lavanda.

CREME BRÛLÉES DE CARAMELO Y CAFÉ

11. Dalgona Crème Brulée

INGREDIENTES:
- 4 yemas de huevo
- ½ taza de azúcar granulada
- 2 tazas de crema espesa
- 2 cucharaditas de extracto de vainilla
- 2 cucharadas de mezcla de café Dalgona
- Azúcar granulada adicional para caramelizar la parte superior.

INSTRUCCIONES:

a) Precalienta el horno a 325 °F (160 °C) y coloca de 4 a 6 moldes en una fuente para horno.

b) En un tazón, bata las yemas de huevo y el azúcar granulada hasta que estén bien combinados y espese un poco.

c) En una cacerola, caliente la crema espesa a fuego medio hasta que comience a hervir a fuego lento. Alejar del calor.

d) Vierta lentamente la nata caliente en la mezcla de yemas de huevo, batiendo constantemente para evitar que los huevos se cuajen.

e) Agrega el extracto de vainilla y la mezcla de café Dalgona hasta que estén bien incorporados.

f) Divida la mezcla uniformemente entre los moldes colocados en la fuente para hornear.

g) Vierta agua caliente en la fuente para hornear, teniendo cuidado de que no entre agua dentro de los moldes, hasta que llegue aproximadamente a la mitad de los lados de los moldes.

h) Transfiera con cuidado la fuente para hornear al horno precalentado y hornee durante aproximadamente 30-35 minutos, o hasta que la crema esté firme en los bordes pero aún ligeramente temblorosa en el centro.

i) Retire los moldes del baño María y déjelos enfriar a temperatura ambiente. Luego, refrigérelos durante al menos 2 horas o hasta que estén fríos.

j) Justo antes de servir, espolvoree una capa fina y uniforme de azúcar granulada sobre la superficie de cada natilla.

k) Use un soplete de cocina para caramelizar el azúcar, moviendo la llama uniformemente hacia adelante y hacia atrás hasta que se dore y forme una corteza crujiente.

l) Deje que el azúcar caramelizada se endurezca durante unos minutos antes de servir.

m) Disfrute de la deliciosa Dalgona Crème Brûlée con su base cremosa de natillas y cobertura de azúcar caramelizada. ¡Es un postre delicioso con un delicioso toque de café!

12. Flan de chocolate

INGREDIENTES
- 1 taza de azúcar
- 4 huevos
- 2 tazas de leche
- ½ taza de crema espesa
- 1 cucharadita de extracto de vainilla
- 4 onzas de chocolate agridulce, picado

INSTRUCCIONES

a) Precalienta el horno a 350°F.

b) En una cacerola pequeña, derrita el azúcar a fuego medio hasta que se convierta en un caramelo dorado.

c) Vierta el caramelo en un molde para pasteles redondo de 9 pulgadas, girando el molde para cubrir el fondo y los lados.

d) En un tazón grande, mezcle los huevos, la leche, la crema, el extracto de vainilla y el chocolate picado hasta que quede suave.

e) Vierta la mezcla de huevo en el molde para pasteles y coloque el molde en una fuente para hornear más grande llena de agua caliente, creando un baño de agua.

f) Hornee durante 50 a 60 minutos, o hasta que la crema brûlée esté firme pero aún se mueva ligeramente en el centro.

g) Retire la sartén del baño maría y déjala enfriar a temperatura ambiente.

h) Cubra y enfríe en el refrigerador durante al menos 2 horas o toda la noche.

i) Para servir, pase un cuchillo por el borde de la sartén e invierta la crema brûlée en una fuente para servir.

13. Crema brulée de caramelo y vainilla Baileys

INGREDIENTES
- ¾ taza de azúcar
- ¼ taza de agua
- Lata de 14 onzas de leche condensada
- Lata de 12 onzas de leche evaporada
- 3 huevos grandes
- ½ taza de Baileys
- ½ cucharada de extracto de vainilla
- pizca de sal

INSTRUCCIONES

a) Precalienta el horno a 350F.

b) Haga un almíbar de azúcar moreno dorado cocinando el azúcar y el agua en una cacerola pequeña. ¡Ten lista tu sartén de crema brûlée!

c) Agite el caramelo de azúcar caliente alrededor de la sartén de crema brûlée, cubriendo bien los lados y el fondo. Dejar de lado.

d) Batir la leche condensada, la leche evaporada, los huevos, el Baileys, el extracto de vainilla y la sal.

e) Vierta en un molde para crema brûlée y hornee en un baño de agua durante aproximadamente 1 hora, hasta que no se mueva en el centro.

f) Déjalo reposar toda la noche y para desmoldar, coloca el molde en agua tibia para soltar el caramelo. Voltee rápidamente en un plato y sirva frío.

14. Creme Brûlée de tiramisú sin lactosa

INGREDIENTES
PARA EL CARAMELO
- 150 gramos de azúcar
- 15 gramos de agua
- 10 g de jugo de limón

PARA LA CREME BRÛLÉE
- 284 g Mascarpone 0% Lactosa
- 284 g de leche sin lactosa
- 270 g de huevo (4 litros de huevos)
- 160 g de azúcar
- 10g de café instantáneo

INSTRUCCIONES
CARAMELO:
a) Coloca en un cazo el azúcar, el limón y el agua.
b) Poner a fuego medio y dejar hasta que se dore.
c) Coloca el caramelo caliente en el molde de dariole.

CREME BRÛLEE
a) Mezclar Mascarpone 0% Lactosa con todos los demás ingredientes con ayuda de una batidora.
b) Verter la mezcla cremosa en el molde caramelizado y cocinar a 150ºC en el horno a baño maría durante 30 minutos.
c) Retirar del horno y conservar en el frigorífico 2 horas antes de desmoldar.

15. Crema brulée de té con leche y boba

INGREDIENTES
BOBA:
- ¼ de taza de azúcar moreno claro u oscuro
- ¼ taza de agua
- ½ taza de boba de bolas de tapioca blancas o negras

CREME BRÛLEE
- 1 ¾ tazas de crema espesa
- 1 taza de leche entera
- 5 bolsitas de té negro
- Pizca de sal
- ¼ de taza más 3 cucharadas de azúcar blanca granulada
- 3 huevos grandes
- 2 yemas de huevo grandes

COBERTURA DE CARAMELO:
- 1 taza de azúcar dividida
- ¼ taza de agua

INSTRUCCIONES

a) Para hacer boba: en una cacerola pequeña, combine el azúcar y el agua y caliente hasta que el azúcar se disuelva. Dejar de lado. Luego, cocina la boba, siguiendo las instrucciones que se encuentran en la parte posterior de la bolsa de boba. Los míos eran boba de cocción rápida y las instrucciones fueron acertadas. Escurre la boba y enjuágala con agua fría para detener la cocción y luego transfiérala al almíbar de azúcar moreno.

b) Para hacer la Creme Brûlée Combine la crema, la leche y la sal en una cacerola mediana y pesada. Llevar a fuego lento a fuego medio. Retirar del fuego y agregar las bolsitas de té, tapar y dejar reposar durante 30 minutos. Retire las bolsitas de té y deséchelas.

c) Coloque la rejilla en el centro del horno y precaliente a 325°F.

d) Batir los huevos, las yemas y el azúcar en un tazón mediano hasta que se mezclen. Agrega ¼ de taza de la mezcla de leche a los huevos batidos y mezcla. (Esto acercará la temperatura de los huevos a la de la mezcla de leche). Agregue toda la mezcla de huevo a la mezcla de leche y bata suavemente sin crear mucha espuma. Vierta la natilla a través de un colador pequeño para eliminar los trozos de huevo. Dejar de lado.

e) Para hacer el caramelo: combine el azúcar y el agua en una cacerola mediana y pesada. Revuelve a fuego lento hasta que el azúcar se disuelva. Aumente el fuego a alto y cocine sin revolver hasta que el almíbar adquiera un color ámbar intenso y revuelva la sartén de vez en cuando, aproximadamente de 7 a 8 minutos. Vierta rápidamente el caramelo en seis moldes de ¾ de taza o en moldes para natillas. Usando guantes de cocina como ayuda, incline inmediatamente cada molde para cubrir los lados. Coloque los moldes en un molde para hornear de 13x9x2 pulgadas.

f) Vierta la crema pastelera en los moldes preparados, dividiéndola uniformemente (la mezcla llenará los moldes). Transfiera la fuente para hornear a la rejilla del horno y llénela con suficiente agua en la fuente para hornear hasta la mitad de los lados de los moldes. Hornee hasta que los centros de las creme brûlées estén bien cuajados, aproximadamente 30 minutos. Transfiera las creme brûlées a la rejilla y enfríe. Enfríe hasta que esté frío, aproximadamente 2 horas. Cubra y enfríe durante la noche. (Se puede preparar con 2 días de anticipación). Para servir, pase un cuchillo pequeño y afilado alrededor de la crema brûlée para aflojarla. Voltear sobre un plato. Agite suavemente para liberar la crema brûlée.

g) Levante con cuidado el molde y permita que el jarabe de caramelo corra sobre la crema brûlée.

h) Repita con el resto de las cremas brûlées y, por último, cubra con una pizca de boba.

16. Crème brulée de chocolate y caramelo

INGREDIENTES
- 1 taza de azúcar
- 1 ½ tazas de crema espesa
- ½ taza de leche entera
- 6 huevos grandes
- ¼ cucharadita de sal
- ½ taza de chispas de chocolate semidulce

INSTRUCCIONES

a) Precalienta el horno a 325°F.

b) En una cacerola mediana, calienta el azúcar a fuego medio, revolviendo constantemente hasta que se derrita y se dore.

c) Vierta el azúcar derretida en un molde de crema brûlée de 9 pulgadas, girando para cubrir el fondo y los lados del molde.

d) En una cacerola pequeña, caliente la crema espesa, la leche entera y la sal a fuego medio, revolviendo constantemente hasta que hierva a fuego lento.

e) En un recipiente aparte, bata los huevos.

f) Vierta lentamente la mezcla de crema caliente en los huevos, batiendo constantemente.

g) Agrega las chispas de chocolate hasta que se derritan y estén bien combinadas.

h) Colar la mezcla por un colador de malla fina y verter en el molde de crème brûlée.

i) Coloque el molde en una fuente para hornear grande y llénela con suficiente agua caliente para llegar hasta la mitad de los lados del molde.

j) Hornee durante 50 a 60 minutos o hasta que la crema brûlée esté firme y se mueva ligeramente al agitarla.

k) Retirar del horno y dejar enfriar a temperatura ambiente antes de refrigerar durante al menos 2 horas o toda la noche.

l) Para servir, pase un cuchillo por los bordes del molde e inviértalo en una fuente para servir.

17. Crema brulée de chocolate mexicana

INGREDIENTES
- 1 taza de azúcar
- 1 ½ tazas de leche entera
- ½ taza de crema espesa
- 6 huevos grandes
- ¼ cucharadita de sal
- 4 onzas de chocolate mexicano, picado
- 1 cucharadita de canela molida
- Crema batida y canela molida adicional para servir

INSTRUCCIONES

a) Precalienta el horno a 325°F.

b) En una cacerola mediana, calienta el azúcar a fuego medio, revolviendo constantemente hasta que se derrita y se dore.

c) Vierta el azúcar derretida en un molde de crema brûlée de 9 pulgadas, girando para cubrir el fondo y los lados del molde.

d) En una cacerola pequeña, caliente la leche entera, la crema espesa, el chocolate mexicano picado y la canela molida a fuego medio, revolviendo constantemente hasta que el chocolate se derrita y la mezcla hierva a fuego lento.

e) En un recipiente aparte, mezcle los huevos y la sal.

f) Vierte lentamente la mezcla de leche caliente en la mezcla de huevo, batiendo constantemente.

g) Colar la mezcla por un colador de malla fina y verter en el molde de crème brûlée.

h) Coloque el molde en una fuente para hornear grande y llénela con suficiente agua caliente para llegar hasta la mitad de los lados del molde.

i) Hornee durante 50 a 60 minutos o hasta que la crema brûlée esté firme y se mueva ligeramente al agitarla.

j) Retirar del horno y dejar enfriar a temperatura ambiente antes de refrigerar durante al menos 2 horas o toda la noche.

k) Para servir, pase un cuchillo por los bordes del molde e inviértalo en una fuente para servir. Servir con crema batida y una pizca de canela molida.

18. Crème Brulée De Moca

INGREDIENTES:
- 1 taza de crema espesa
- 1 taza de leche entera
- 4 yemas de huevo
- ½ taza de azúcar granulada
- 2 cucharadas de cacao en polvo
- 1 cucharadita de café instantáneo en gránulos
- Azúcar granulada, para caramelizar

INSTRUCCIONES:
a) En una cacerola, calienta la crema espesa, la leche entera, el cacao en polvo y los gránulos de café instantáneo a fuego medio hasta que comience a hervir a fuego lento. Alejar del calor.
b) En un recipiente aparte, mezcle las yemas de huevo y el azúcar hasta que estén bien combinados.
c) Vierta lentamente la mezcla de crema caliente en la mezcla de yemas de huevo, batiendo continuamente.
d) Divida la mezcla entre moldes o platos aptos para horno.
e) Coloque los moldes en una fuente para horno y llénelo con agua caliente hasta que llegue a la mitad de los lados de los moldes.
f) Hornee durante unos 35 a 40 minutos, o hasta que la crema esté firme pero todavía ligeramente temblorosa en el centro.
g) Retire los moldes del baño María y déjelos enfriar a temperatura ambiente. Luego refrigere por al menos 2 horas o toda la noche.
h) Justo antes de servir, espolvorea una fina capa de azúcar granulada encima de cada natilla. Usa un soplete de cocina para caramelizar el azúcar hasta que se forme una corteza crujiente.
i) Sirve la crème Brûlée de moca y disfruta de los deliciosos sabores de café y chocolate.

19. Crema Brûlée de achicoria

INGREDIENTES:
- 1 cucharada de mantequilla
- 3 tazas de crema espesa
- 1 ½ tazas de azúcar
- 1 taza de café de achicoria
- 8 yemas de huevo
- 1 taza de azúcar cruda
- 20 galletas pequeñas de mantequilla

INSTRUCCIONES:

a)   Precaliente el horno a 275 grados F. Engrase 10 moldes (4 onzas). En una cacerola, a fuego medio, combine la crema, el azúcar y el café.

b)   Batir hasta que quede suave. En un tazón pequeño, bata los huevos hasta que quede suave. Templar las yemas de huevo con la mezcla de crema caliente. Retirar del fuego y dejar enfriar. Sirva en los moldes individuales. Coloque los moldes en una fuente para horno.

c)   Llene el plato con agua hasta la mitad del molde. Colóquelo en el horno, en la rejilla inferior, y cocine hasta que el centro esté listo, aproximadamente de 45 minutos a 1 hora.

d)   Retirar del horno y del agua. Dejar enfriar por completo.

e)   Refrigere hasta que esté frío. Espolvorea el azúcar por encima, sacudiendo el exceso.

f)   Con un soplete de mano, caramelizar el azúcar por encima. Servir la crema brulée con galletas de mantequilla.

20. Crema Brulée Espresso

INGREDIENTES:
- 1 taza de crema espesa
- 1 taza de leche entera
- ½ taza de azúcar granulada
- 1 vaina de vainilla, partida y sin semillas (o 1 cucharadita de extracto de vainilla)
- 4 yemas de huevo grandes
- 2 cucharadas de café expreso en polvo
- 2 cucharadas de azúcar moreno (para caramelizar)

INSTRUCCIONES:

a) Precalienta tu horno a 300°F (150°C). Coloque cuatro moldes en una fuente para horno y reserve.

b) En una cacerola, combine la crema espesa, la leche entera, el azúcar granulada, el espresso en polvo y las semillas de vainilla (o extracto de vainilla). Calienta a fuego medio-bajo, revolviendo ocasionalmente, hasta que hierva a fuego lento. Alejar del calor.

c) En un recipiente aparte, bata las yemas de huevo hasta que adquieran un color pálido y un poco espesas.

d) Vierta lentamente la mezcla de nata caliente sobre las yemas de huevo, batiendo constantemente para evitar que se cuaje.

e) Divida la mezcla de natillas entre los cuatro moldes. Llene la fuente para hornear con agua caliente hasta la mitad de los lados de los moldes para crear un baño de agua.

f) Hornee durante 35 a 40 minutos o hasta que los bordes estén firmes pero el centro aún se mueva ligeramente.

g) Retire los moldes del baño María y déjelos enfriar a temperatura ambiente. Luego refrigere durante al menos 2 horas o hasta que esté frío y listo.

h) Justo antes de servir, espolvoree aproximadamente ½ cucharada de azúcar morena de manera uniforme sobre cada crème brûlée. Utilice un soplete de cocina para caramelizar el azúcar hasta que se forme una costra dorada.

BOOZY BRÛLÉE

21. Baileys Crème Brulée

Hace: 4

INGREDIENTES:
- 1 taza de leche entera
- 1 taza de crema para batir espesa
- 1 cucharadita de extracto de vainilla
- 4 cucharadas de crema irlandesa Baileys
- 6 yemas de huevo
- ¼ taza de azúcar blanca
- 4 cucharadas de azúcar moreno demerara o azúcar turbinado

INSTRUCCIONES:
a) Precalienta el horno a 300°F o 150°C o Gas Mark 2.
b) Vierte la nata y la leche en un cazo y calienta hasta casi hervir. No hiervas la leche. Retirar del fuego y dejar reposar durante 10 minutos.
c) En un bol resistente al calor, mezcle las yemas de huevo y el azúcar blanca con un batidor de globo durante unos 2 a 3 minutos.
d) Agregar azúcar a los huevos en un bol
e) A continuación, añade el extracto de vainilla a los huevos y vuelve a batir.
f) Agrega unas cucharadas de la mezcla de crema caliente a los huevos revolviendo constantemente. Agrega poco a poco más leche revolviendo todo el tiempo. Cuando toda la leche esté agregada y combinada, la mezcla debe cubrir el dorso de una cuchara.
g) Agrega la crema irlandesa Baileys a la mezcla de huevo y nata. Pasar la mezcla de huevo y nata por un colador fino.
h) Vierta la mezcla en 4 moldes anchos y planos individuales, llenándolos hasta ¾ de su capacidad. Coloque los moldes en una bandeja para hornear con lados.
i) Agregue agua tibia hasta llegar a la mitad de los lados de los moldes creando un baño María.
j) Coloque la bandeja de moldes en el horno precalentado y déjela cocinar durante unos 40 minutos hasta que cuaje.
k) Retirar del horno, del baño María y dejar enfriar por completo. Enfriar las natillas horneadas en el frigorífico durante al menos cuatro horas.
l) Espolvorea la parte superior de cada molde con azúcar moreno demerara y derrite el azúcar con un soplete de cocina.

m) Alternativamente, puede colocar los moldes en una bandeja debajo de una parrilla o parrilla caliente durante aproximadamente 2 minutos para dorar la capa superior.

n) Deje enfriar antes de servir.

22. Amaretto Crème Brulée

INGREDIENTES:
- 1 taza de crema espesa
- 1 taza de leche entera
- 4 yemas de huevo
- ½ taza de azúcar granulada
- 2 cucharadas de licor de amaretto
- Azúcar granulada, para caramelizar

INSTRUCCIONES:
a) Precalienta tu horno a 325°F (160°C).
b) En una cacerola calienta la crema espesa, la leche entera y el licor de amaretto a fuego medio hasta que comience a hervir a fuego lento. Alejar del calor.
c) En un recipiente aparte, mezcle las yemas de huevo y el azúcar hasta que estén bien combinados.
d) Vierta lentamente la mezcla de crema caliente en la mezcla de yemas de huevo, batiendo continuamente.
e) Divida la mezcla entre moldes o platos aptos para horno.
f) Coloque los moldes en una fuente para horno y llénelo con agua caliente hasta que llegue a la mitad de los lados de los moldes.
g) Hornee durante unos 35 a 40 minutos, o hasta que la crema esté firme pero todavía ligeramente temblorosa en el centro.
h) Retire los moldes del baño María y déjelos enfriar a temperatura ambiente. Luego refrigere por al menos 2 horas o toda la noche.
i) Justo antes de servir, espolvorea una fina capa de azúcar granulada encima de cada natilla. Usa un soplete de cocina para caramelizar el azúcar hasta que se forme una corteza crujiente.
j) Sirva la crème brûlée de amaretto y disfrute del sabor distintivo del amaretto en el postre cremoso.

23. Crème brulée de ron y coco

INGREDIENTES:
- 2 tazas de crema espesa
- ½ taza de azúcar granulada
- ¼ de taza de ron oscuro
- ¼ taza de coco rallado
- 6 yemas de huevo grandes
- 1 cucharadita de extracto de vainilla
- Azúcar extra granulada para caramelizar

INSTRUCCIONES:

a) Precalienta tu horno a 325°F (160°C). Coloque seis moldes en una fuente para horno.

b) En una cacerola calienta la nata espesa y el azúcar granulada a fuego medio hasta que empiece a hervir a fuego lento. Retire del fuego y agregue el ron oscuro, el coco rallado y el extracto de vainilla.

c) En un tazón, bata las yemas de huevo hasta que estén bien combinadas. Vierta lentamente la mezcla de crema sobre las yemas de huevo, batiendo constantemente.

d) Divida la mezcla uniformemente entre los moldes. Coloque la fuente para hornear con los moldes sobre la rejilla del horno y vierta con cuidado agua caliente en la fuente para hornear hasta llegar aproximadamente a la mitad de los lados de los moldes.

e) Hornee durante unos 35-40 minutos, o hasta que los bordes estén firmes pero los centros todavía se muevan ligeramente.

f) Retire los moldes del baño María y déjelos enfriar a temperatura ambiente. Luego refrigere durante al menos 2 horas o hasta que esté completamente frío.

g) Cuando esté listo para servir, espolvoree una fina capa de azúcar granulada sobre cada crème brûlée. Utilice un soplete de cocina para caramelizar el azúcar hasta que se forme una costra dorada. Deje que el azúcar se endurezca durante unos minutos antes de servir.

24. Crème brulée de vainilla y bourbon

INGREDIENTES:
- 2 tazas de crema espesa
- ½ taza de azúcar granulada
- ¼ de taza de bourbon
- 1 vaina de vainilla, partida y raspada (o 1 cucharadita de extracto de vainilla)
- 6 yemas de huevo grandes
- Azúcar extra granulada para caramelizar

INSTRUCCIONES:
a) Precalienta tu horno a 325°F (160°C). Coloque seis moldes en una fuente para horno.
b) En una cacerola calienta la nata espesa y el azúcar granulada a fuego medio hasta que empiece a hervir a fuego lento. Retirar del fuego y agregar el bourbon y las semillas de vainilla (o extracto de vainilla).
c) En un tazón, bata las yemas de huevo hasta que estén bien combinadas. Vierta lentamente la mezcla de crema sobre las yemas de huevo, batiendo constantemente.
d) Divida la mezcla uniformemente entre los moldes. Coloque la fuente para hornear con los moldes sobre la rejilla del horno y vierta con cuidado agua caliente en la fuente para hornear hasta llegar aproximadamente a la mitad de los lados de los moldes.
e) Hornee durante unos 35-40 minutos, o hasta que los bordes estén firmes pero los centros todavía se muevan ligeramente.
f) Retire los moldes del baño María y déjelos enfriar a temperatura ambiente. Luego refrigere durante al menos 2 horas o hasta que esté completamente frío.
g) Cuando esté listo para servir, espolvoree una fina capa de azúcar granulada sobre cada crème brûlée. Utilice un soplete de cocina para caramelizar el azúcar hasta que se forme una costra dorada. Deje que el azúcar se endurezca durante unos minutos antes de servir.

25. Crema Brulée de Café Kahlua

INGREDIENTES:
- 2 tazas de crema espesa
- ½ taza de azúcar granulada
- ¼ taza de licor de café Kahlua
- 6 yemas de huevo grandes
- 1 cucharadita de café instantáneo en gránulos
- Azúcar extra granulada para caramelizar

INSTRUCCIONES:

a) Precalienta tu horno a 325°F (160°C). Coloque seis moldes en una fuente para horno.

b) En una cacerola calienta la nata espesa y el azúcar granulada a fuego medio hasta que empiece a hervir a fuego lento. Retire del fuego y agregue el licor Kahlua y los gránulos de café instantáneo hasta que se disuelvan.

c) En un tazón, bata las yemas de huevo hasta que estén bien combinadas. Vierta lentamente la mezcla de crema sobre las yemas de huevo, batiendo constantemente.

d) Divida la mezcla uniformemente entre los moldes. Coloque la fuente para hornear con los moldes sobre la rejilla del horno y vierta con cuidado agua caliente en la fuente para hornear hasta llegar aproximadamente a la mitad de los lados de los moldes.

e) Hornee durante unos 35-40 minutos, o hasta que los bordes estén firmes pero los centros todavía se muevan ligeramente.

f) Retire los moldes del baño María y déjelos enfriar a temperatura ambiente. Luego refrigere durante al menos 2 horas o hasta que esté completamente frío.

g) Cuando esté listo para servir, espolvoree una fina capa de azúcar granulada sobre cada crème brûlée. Utilice un soplete de cocina para caramelizar el azúcar hasta que se forme una costra dorada. Deje que el azúcar se endurezca durante unos minutos antes de servir.

BRÛLEE DE FRUTAS

26. Brulée de pomelo

INGREDIENTES:
- 2 pomelos
- 4 cucharadas de azúcar granulada
- Una pizca de sal

INSTRUCCIONES

a) Precalienta la parrilla en tu horno.

b) Corta los pomelos por la mitad y usa un cuchillo afilado para soltar la pulpa de la cáscara.

c) Espolvorea una pizca de sal encima de cada mitad de pomelo.

d) Espolvorea una cucharada de azúcar granulada encima de cada mitad de pomelo, distribuyéndola uniformemente.

e) Coloque las mitades de pomelo en una bandeja para hornear y colóquelas debajo del asador durante unos 5 a 7 minutos, hasta que el azúcar de encima se caramelice y se dore.

f) Saca las mitades de pomelo del horno y déjalas enfriar unos minutos antes de servir.

27. Mango brulée

INGREDIENTES:
- 2 mangos maduros
- 4 cucharadas de azúcar granulada
- 1 cucharadita de extracto de vainilla
- 4 cucharadas de azúcar moreno (para caramelizar la parte superior)

INSTRUCCIONES:

a) Precalienta tu horno a la temperatura de asado.

b) Pelar los mangos y cortar la pulpa en cubos pequeños.

c) Divida los cubos de mango en partes iguales entre 4 moldes individuales o tazones aptos para horno.

d) En un tazón pequeño, mezcle el azúcar granulada y el extracto de vainilla hasta que estén bien combinados.

e) Espolvorea la mezcla de azúcar sobre los cubos de mango, asegurándote de que cada molde tenga una capa uniforme.

f) Coloque los moldes en una bandeja para hornear y transfiéralos al horno.

g) Ase durante unos 5-7 minutos o hasta que el azúcar se derrita y caramelice. Vigílalos de cerca para evitar que se quemen.

h) Retira los moldes del horno y déjalos enfriar unos minutos.

i) Espolvoree aproximadamente una cucharada de azúcar morena de manera uniforme sobre cada molde.

j) Con un soplete de cocina, caramelice el azúcar encima de cada mango Brûlée hasta que se forme una costra dorada. Alternativamente, puedes colocar los moldes debajo del asador durante unos minutos hasta que el azúcar se caramelice.

k) Deje que la Brûlée se enfríe durante unos minutos antes de servir.

28. Tarta Brulée De Limón

INGREDIENTES:
PARA LA CORTEZA:
- 1 ½ tazas de migas de galleta Graham
- 6 cucharadas de mantequilla sin sal, derretida
- ¼ taza de azúcar granulada

PARA EL LLENADO:
- 4 yemas de huevo
- 1 lata (14 onzas) de leche condensada azucarada
- ½ taza de jugo de limón fresco
- 1 cucharada de ralladura de limón

PARA LA ADORNO:
- Azúcar granulada, para caramelizar

INSTRUCCIONES:

a) Precalienta tu horno a 350°F (175°C).

b) En un tazón, combine las migas de galletas Graham, la mantequilla derretida y el azúcar. Presione la mezcla en el fondo y los lados de un molde para tarta.

c) En un recipiente aparte, mezcle las yemas de huevo, la leche condensada, el jugo de limón y la ralladura de limón hasta que estén bien combinados.

d) Vierta el relleno de limón en la base preparada.

e) Hornee durante unos 15-20 minutos o hasta que el relleno esté listo.

f) Retirar del horno y dejar enfriar a temperatura ambiente. Luego refrigere por al menos 2 horas o hasta que esté frío.

g) Justo antes de servir, espolvorea una fina capa de azúcar granulada encima de la tarta. Usa un soplete de cocina para caramelizar el azúcar hasta que se forme una corteza crujiente.

h) Deje que el azúcar se endurezca durante unos minutos, luego córtelo y sirva.

29. Ice Brûlée de limón con caramelo

INGREDIENTES:
- 1 taza de crema espesa
- 1 taza de leche entera
- 4 yemas de huevo
- ½ taza de azúcar granulada
- 1 cucharada de ralladura de limón
- ¼ taza de jugo de limón
- ½ taza de trocitos de caramelo
- Azúcar granulada, para caramelizar
- Frambuesas, para servir

INSTRUCCIONES:
a) En una cacerola, calienta la crema espesa, la leche entera y la ralladura de limón a fuego medio hasta que comience a hervir a fuego lento. Alejar del calor.
b) En un recipiente aparte, mezcle las yemas de huevo, el azúcar y el jugo de limón hasta que estén bien combinados.
c) Vierta lentamente la mezcla de crema caliente en la mezcla de yemas de huevo, batiendo continuamente.
d) Regrese la mezcla a la cacerola y cocine a fuego lento, revolviendo constantemente, hasta que espese y cubra el dorso de una cuchara. No dejes que hierva.
e) Retirar del fuego y dejar enfriar la mezcla a temperatura ambiente. Luego refrigere por al menos 4 horas o toda la noche.
f) Vierta la mezcla fría en una máquina para hacer helados y bata según las instrucciones del fabricante.
g) Durante los últimos minutos de batido, agrega los trocitos de caramelo y continúa batiendo hasta que estén distribuidos uniformemente.
h) Transfiera el helado batido a un recipiente y congélelo durante al menos 2 horas para que se endurezca.
i) Justo antes de servir, espolvorea una fina capa de azúcar granulada encima de cada porción. Usa un soplete de cocina para caramelizar el azúcar hasta que se forme una corteza crujiente.
j) Deje que el azúcar se endurezca durante unos minutos, luego sirva y disfrute.

30. Crème Brûlée de Macadamia con Frutas Tropicales

INGREDIENTES:
- 1 taza de crema espesa
- 1 taza de leche entera
- ½ taza de nueces de macadamia, finamente picadas
- 4 yemas de huevo
- ½ taza de azúcar granulada
- 1 cucharadita de extracto de vainilla
- Frutas tropicales variadas (como mango, piña y papaya), para servir
- Azúcar granulada, para caramelizar

INSTRUCCIONES:
a) Precalienta tu horno a 325°F (160°C).

b) En una cacerola, calienta la crema espesa, la leche entera y las nueces de macadamia a fuego medio hasta que comience a hervir a fuego lento. Retirar del fuego y dejar infusionar las nueces de macadamia durante unos 10 minutos.

c) En un recipiente aparte, mezcle las yemas de huevo, el azúcar y el extracto de vainilla hasta que estén bien combinados.

d) Colar la mezcla de crema infundida a través de un colador de malla fina en el bol con la mezcla de yema de huevo, desechando las nueces de macadamia.

e) Divida la mezcla entre moldes o platos aptos para horno.

f) Coloque los moldes en una fuente para horno y llénelo con agua caliente hasta que llegue a la mitad de los lados de los moldes.

g) Hornee durante unos 35 a 40 minutos, o hasta que la crema esté firme pero todavía ligeramente temblorosa en el centro.

h) Retire los moldes del baño María y déjelos enfriar a temperatura ambiente. Luego refrigere por al menos 2 horas o toda la noche.

i) Justo antes de servir, espolvorea una fina capa de azúcar granulada encima de cada natilla. Usa un soplete de cocina para caramelizar el azúcar hasta que se forme una corteza crujiente.

j) Sirva la crema brulée de nueces de macadamia con una guarnición de frutas tropicales variadas y disfrútela.

31. Crema brulée de plátano picante

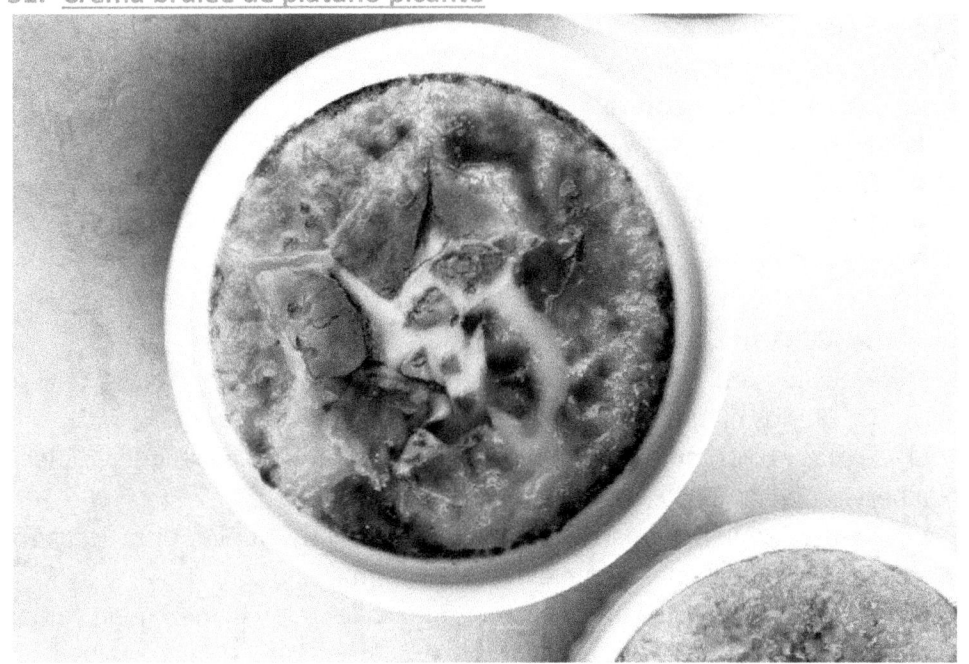

INGREDIENTES:
- 4 plátanos maduros
- 1 taza de crema espesa
- 1 taza de leche entera
- 4 yemas de huevo
- ½ taza de azúcar granulada
- 1 cucharadita de extracto de vainilla
- Azúcar moreno, para caramelizar

INSTRUCCIONES:

a) Precalienta tu horno a 325°F (160°C).

b) Triture los plátanos en un bol hasta que quede suave.

c) En un cazo calienta la nata y la leche a fuego medio hasta que empiece a hervir a fuego lento.

d) En un recipiente aparte, mezcle las yemas de huevo, el azúcar y el extracto de vainilla hasta que estén bien combinados.

e) Vierta lentamente la mezcla de crema caliente en la mezcla de yemas de huevo, batiendo continuamente.

f) Agrega el puré de plátanos a la mezcla y revuelve bien.

g) Divida la mezcla entre moldes o platos aptos para horno.

h) Coloque los moldes en una fuente para horno y llénelo con agua caliente hasta que llegue a la mitad de los lados de los moldes.

i) Hornee durante unos 35 a 40 minutos, o hasta que la crema esté firme pero todavía ligeramente temblorosa en el centro.

j) Retire los moldes del baño María y déjelos enfriar a temperatura ambiente. Luego refrigere por al menos 2 horas o toda la noche.

k) Justo antes de servir, espolvorea una fina capa de azúcar moreno encima de cada natilla. Usa un soplete de cocina para caramelizar el azúcar hasta que se forme una corteza crujiente.

l) Deje que el azúcar se endurezca durante unos minutos, luego sirva y disfrute.

32. Crema brulée de lima y lima

INGREDIENTES:
- 1 taza de crema espesa
- 1 taza de leche entera
- 4 yemas de huevo
- ½ taza de azúcar granulada
- ¼ de taza de jugo de lima
- Ralladura de 2 limas
- Azúcar granulada, para caramelizar

INSTRUCCIONES:

a) Precalienta tu horno a 325°F (160°C).

b) En un cazo calienta la nata y la leche a fuego medio hasta que empiece a hervir a fuego lento.

c) En un recipiente aparte, mezcle las yemas de huevo y el azúcar hasta que estén bien combinados.

d) Vierta lentamente la mezcla de crema caliente en la mezcla de yemas de huevo, batiendo continuamente.

e) Agregue el jugo de lima y la ralladura a la mezcla y revuelva bien.

f) Divida la mezcla entre moldes o platos aptos para horno.

g) Coloque los moldes en una fuente para horno y llénelo con agua caliente hasta que llegue a la mitad de los lados de los moldes.

h) Hornee durante unos 35 a 40 minutos, o hasta que la crema esté firme pero todavía ligeramente temblorosa en el centro.

i) Retire los moldes del baño María y déjelos enfriar a temperatura ambiente. Luego refrigere por al menos 2 horas o toda la noche.

j) Justo antes de servir, espolvorea una fina capa de azúcar granulada encima de cada natilla. Usa un soplete de cocina para caramelizar el azúcar hasta que se forme una corteza crujiente.

k) Deje que el azúcar se endurezca durante unos minutos, luego sirva y disfrute.

33. Crema brulée de fresa

INGREDIENTES:
- 1 taza de crema espesa
- 1 taza de leche entera
- 4 yemas de huevo
- ½ taza de azúcar granulada
- 1 cucharadita de extracto de vainilla
- 1 taza de fresas frescas, peladas y cortadas en rodajas
- Azúcar granulada, para caramelizar

INSTRUCCIONES:

a) Precalienta tu horno a 325°F (160°C).

b) En una cacerola, calienta la crema espesa, la leche entera y el extracto de vainilla a fuego medio hasta que comience a hervir a fuego lento. Alejar del calor.

c) En un recipiente aparte, mezcle las yemas de huevo y el azúcar hasta que estén bien combinados.

d) Vierta lentamente la mezcla de crema caliente en la mezcla de yemas de huevo, batiendo continuamente.

e) Divida las fresas en rodajas en moldes o platos aptos para horno.

f) Vierta la mezcla de natillas sobre las fresas.

g) Coloque los moldes en una fuente para horno y llénelo con agua caliente hasta que llegue a la mitad de los lados de los moldes.

h) Hornee durante unos 35 a 40 minutos, o hasta que la crema esté firme pero todavía ligeramente temblorosa en el centro.

i) Retire los moldes del baño María y déjelos enfriar a temperatura ambiente. Luego refrigere por al menos 2 horas o toda la noche.

j) Justo antes de servir, espolvorea una fina capa de azúcar granulada encima de cada natilla. Usa un soplete de cocina para caramelizar el azúcar hasta que se forme una corteza crujiente.

k) Sirve la crème Brûlée de fresa y disfruta del dulzor afrutado.

34. Crema brulée de chocolate y naranja

INGREDIENTES:
- 1 taza de crema espesa
- 1 taza de leche entera
- 4 yemas de huevo
- ½ taza de azúcar granulada
- Ralladura de 1 naranja
- 4 onzas de chocolate agridulce, finamente picado
- Azúcar granulada, para caramelizar

INSTRUCCIONES:
a) Precalienta tu horno a 325°F (160°C).

b) En una cacerola, calienta la crema espesa, la leche entera y la ralladura de naranja a fuego medio hasta que comience a hervir a fuego lento. Retirar del fuego y dejar infusionar la ralladura de naranja durante unos 10 minutos.

c) En un recipiente aparte, mezcle las yemas de huevo y el azúcar hasta que estén bien combinados.

d) Coloque el chocolate finamente picado en un recipiente resistente al calor.

e) Colar la mezcla de crema infundida a través de un colador de malla fina en el bol con el chocolate picado, desechando la ralladura de naranja.

f) Deje reposar la mezcla durante un minuto para permitir que el chocolate se derrita, luego bata hasta que quede suave.

g) Vierta lentamente la mezcla de crema con infusión de chocolate en la mezcla de yemas de huevo, batiendo continuamente.

h) Divida la mezcla entre moldes o platos aptos para horno.

i) Coloque los moldes en una fuente para horno y llénelo con agua caliente hasta que llegue a la mitad de los lados de los moldes.

j) Hornee durante unos 35 a 40 minutos, o hasta que la crema esté firme pero todavía ligeramente temblorosa en el centro.

k) Retire los moldes del baño María y déjelos enfriar a temperatura ambiente. Luego refrigere por al menos 2 horas o toda la noche.

l) Justo antes de servir, espolvorea una fina capa de azúcar granulada encima de cada natilla. Usa un soplete de cocina para caramelizar el azúcar hasta que se forme una corteza crujiente.

m) Deje que el azúcar se endurezca durante unos minutos, luego sirva y disfrute.

35. Brulée cremosa de frutas

INGREDIENTES:
- Frutas frescas variadas (como bayas, duraznos en rodajas o mango), para servir
- 1 taza de crema espesa
- 1 taza de leche entera
- 4 yemas de huevo
- ½ taza de azúcar granulada
- 1 cucharadita de extracto de vainilla
- Azúcar granulada, para caramelizar

INSTRUCCIONES:
a) Precalienta tu horno a 325°F (160°C).
b) Coloque las frutas frescas en el fondo de moldes individuales o platos aptos para horno.
c) En una cacerola, calienta la crema espesa, la leche entera y el extracto de vainilla a fuego medio hasta que comience a hervir a fuego lento. Alejar del calor.
d) En un recipiente aparte, mezcle las yemas de huevo y el azúcar hasta que estén bien combinados.
e) Vierta lentamente la mezcla de crema caliente en la mezcla de yemas de huevo, batiendo continuamente.
f) Divida la mezcla de natillas entre los moldes y viertala sobre las frutas frescas.
g) Coloque los moldes en una fuente para horno y llénelo con agua caliente hasta que llegue a la mitad de los lados de los moldes.
h) Hornee durante unos 35 a 40 minutos, o hasta que la crema esté firme pero todavía ligeramente temblorosa en el centro.
i) Retire los moldes del baño María y déjelos enfriar a temperatura ambiente. Luego refrigere por al menos 2 horas o toda la noche.
j) Justo antes de servir, espolvorea una fina capa de azúcar granulada encima de cada natilla. Usa un soplete de cocina para caramelizar el azúcar hasta que se forme una corteza crujiente.
k) Deja que el azúcar se endurezca por unos minutos, luego sirve y disfruta con la base cremosa de frutas.

36. Crème Brûlée de chocolate con plátanos caramelizados

INGREDIENTES:
- 1 taza de crema espesa
- 1 taza de leche entera
- ½ taza de azúcar granulada
- 4 onzas de chocolate agridulce, finamente picado
- 1 cucharadita de extracto de vainilla
- 4 yemas de huevo grandes
- 2 cucharadas de azúcar moreno (para caramelizar)
- 2 plátanos maduros, rebanados
- 2 cucharadas de mantequilla sin sal
- 2 cucharadas de azúcar moreno (para caramelizar los plátanos)

INSTRUCCIONES:

a) Precalienta tu horno a 300°F (150°C). Coloque cuatro moldes en una fuente para horno y reserve.

b) En una cacerola, combine la crema espesa, la leche entera y el azúcar granulada. Calienta a fuego medio-bajo, revolviendo ocasionalmente, hasta que hierva a fuego lento. Retirar del fuego y añadir el chocolate agridulce finamente picado. Revuelve hasta que el chocolate se derrita por completo y la mezcla esté suave. Agregue el extracto de vainilla.

c) En un recipiente aparte, bata las yemas de huevo hasta que adquieran un color pálido y un poco espesas.

d) Vierte lentamente la mezcla de chocolate sobre las yemas de huevo, batiendo constantemente para evitar que se cuaje.

e) Divida la mezcla de natillas entre los cuatro moldes. Llene la fuente para hornear con agua caliente hasta la mitad de los lados de los moldes para crear un baño de agua.

f) Hornee durante 35 a 40 minutos o hasta que los bordes estén firmes pero el centro aún se mueva ligeramente.

g) Retire los moldes del baño María y déjelos enfriar a temperatura ambiente. Luego refrigere durante al menos 2 horas o hasta que esté frío y listo.

h) Justo antes de servir, prepara los plátanos caramelizados. En una sartén, derrita la mantequilla a fuego medio. Agrega los plátanos en rodajas y espolvorea con azúcar moreno. Cocine durante 2-3 minutos por cada lado hasta que los plátanos estén caramelizados y tiernos.

i) Para servir, coloque unas rodajas de plátano caramelizado encima de cada crème brûlée. Espolvoree aproximadamente ½ cucharada de azúcar morena uniformemente sobre cada uno. Utilice un soplete de cocina para caramelizar el azúcar hasta que se forme una costra dorada. Servir inmediatamente.

37. Tapioca Brûlée con frutas frescas de verano

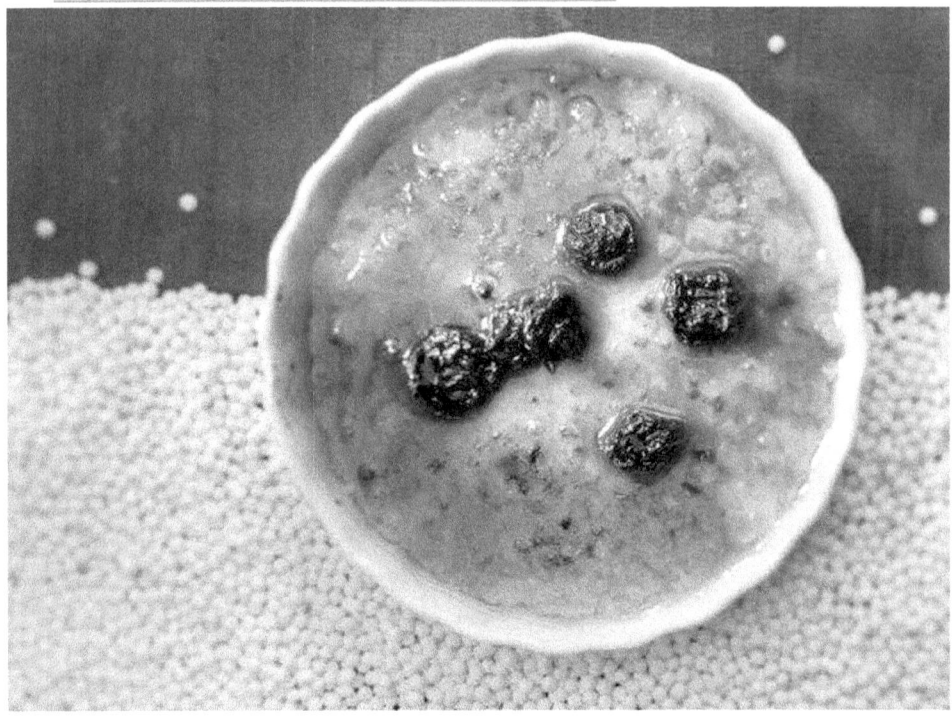

INGREDIENTES:
- ¼ de taza de tapioca perla pequeña
- 2 tazas de leche entera
- ¼ taza de azúcar granulada
- ¼ cucharadita de sal
- 1 cucharadita de extracto de vainilla
- Frutas frescas de verano (como bayas, melocotones o kiwi), para servir
- Azúcar granulada, para caramelizar

INSTRUCCIONES:
a) En un bol, cubre la tapioca con agua y déjala en remojo durante 1 hora.
b) Escurre la tapioca y transfiérala a una cacerola.
c) Agrega la leche, el azúcar y la sal a la cacerola y revuelve para combinar.
d) Lleva la mezcla a ebullición a fuego medio, revolviendo constantemente.
e) Reduzca el fuego a bajo y cocine a fuego lento durante unos 20-25 minutos, o hasta que las perlas de tapioca estén tiernas, revolviendo ocasionalmente.
f) Retire del fuego y agregue el extracto de vainilla.
g) Divida la tapioca en moldes o platos para servir.
h) Deje que la tapioca se enfríe a temperatura ambiente, luego refrigere durante al menos 2 horas o hasta que esté fría.
i) Justo antes de servir, espolvorea una fina capa de azúcar granulada encima de cada plato de tapioca. Usa un soplete de cocina para caramelizar el azúcar hasta que se forme una corteza crujiente.
j) Sirve la tapioca Brûlée con frutas frescas de verano encima y disfruta de este postre cremoso y afrutado.

38. Crème Brûlée con Frambuesas

INGREDIENTES:
- 1 taza de crema espesa
- 1 taza de leche entera
- ½ taza de azúcar granulada
- 1 vaina de vainilla, partida y sin semillas
- 4 yemas de huevo grandes
- Frambuesas frescas (para servir)
- 2 cucharadas de azúcar granulada (para caramelizar)

INSTRUCCIONES:

a) Precalienta tu horno a 300°F (150°C). Coloque cuatro moldes en una fuente para horno y reserve.

b) En una cacerola, combine la crema espesa, la leche entera y ½ taza de azúcar granulada. Calienta a fuego medio-bajo, revolviendo ocasionalmente, hasta que hierva a fuego lento. Retire del fuego y agregue las semillas de vainilla (o el extracto de vainilla).

c) En un recipiente aparte, bata las yemas de huevo hasta que adquieran un color pálido y un poco espesas.

d) Vierta lentamente la mezcla de nata caliente sobre las yemas de huevo, batiendo constantemente para evitar que se cuaje.

e) Divida la mezcla de natillas entre los cuatro moldes. Llene la fuente para hornear con agua caliente hasta la mitad de los lados de los moldes para crear un baño de agua.

f) Hornee durante 35 a 40 minutos o hasta que los bordes estén firmes pero el centro aún se mueva ligeramente.

g) Retire los moldes del baño María y déjelos enfriar a temperatura ambiente. Luego refrigere durante al menos 2 horas o hasta que esté frío y listo.

h) Justo antes de servir, cubra cada crème brûlée con frambuesas frescas y espolvoree aproximadamente ½ cucharada de azúcar granulada uniformemente sobre cada una. Utilice un soplete de cocina para caramelizar el azúcar hasta que se forme una costra dorada.

39. Creme Brûlée de Coco de las Antillas Francesas

INGREDIENTES
- 1 ½ tazas + 1 cucharada de leche condensada azucarada
- 1 ¼ taza de leche de coco
- 3 huevos grandes
- 1 cucharadita de extracto de vainilla
- 1 taza de coco rallado sin azúcar

PARA EL CARAMELO:
- ½ taza de azúcar

INSTRUCCIONES

a) Precalienta tu horno a 350°F con una rejilla en el medio.

b) Prepare un molde para pan sin engrasar al alcance de la mano.

c) Haz el caramelo. Coloca el azúcar en una cacerola pequeña a fuego medio. No toques más el azúcar, no revuelvas, pero puedes agitar la sartén de vez en cuando. Deje que el azúcar se derrita, burbujee y adquiera un color dorado. Míralo con atención y cuando el caramelo se torne de color ámbar, retíralo inmediatamente del fuego y vierte el caramelo uniformemente sobre el fondo de la sartén.

d) Dejar enfriar y endurecer.

e) En un tazón grande, mezcle la leche condensada, la leche de coco, los huevos, el extracto de vainilla y el coco rallado. Vierta la mezcla en el molde para pan.

f) Coloque el molde para pan en un plato más grande y llénelo con agua al menos ¼ de los lados del molde para pan. Cocine durante 50-55 minutos, hasta que la corteza superior esté ligeramente dorada y firme al tacto. Transfiera la crema brûlée a una rejilla para enfriar y déjela enfriar a temperatura ambiente. Transfiera a la nevera y enfríe durante al menos 3 horas.

g) Cuando esté frío, coloque la cacerola en aproximadamente 2 pulgadas de agua bastante tibia, para que el caramelo en el fondo de la cacerola se ablande nuevamente.

h) Pasa un cuchillo por los bordes de la sartén. Invierta un plato sobre la sartén, sosténgalo firmemente y déle la vuelta rápidamente.

i) Espolvorea con coco rallado antes de servir.

40. Creme Brûlées con coulis de frambuesa

INGREDIENTES
- 1 taza de leche
- 1 taza mitad y mitad
- 2 huevos grandes
- 2 yemas de huevo grandes
- 6 paquetes de edulcorante aspartamo
- ¼ de cucharadita de sal kosher
- 1 cucharadita de extracto de vainilla
- 1 taza de frambuesas frescas

INSTRUCCIONES

a) Coloque una fuente para hornear llena con 1 pulgada de agua sobre una rejilla en el tercio inferior del horno.

b) Unte con mantequilla seis moldes de ½ pulgada. Calienta la leche y la mitad y mitad en el microondas a temperatura alta (100 por ciento de potencia) durante 2 minutos o en la estufa en una cacerola mediana hasta que esté tibia.

c) Mientras tanto, bata los huevos y las yemas en un tazón mediano hasta que estén espumosos. Incorpora poco a poco la mezcla de leche caliente a los huevos. Agrega el edulcorante, la sal y la vainilla.

d) Vierta la mezcla en los moldes preparados.

e) Colóquelos en las cacerolas llenas de agua y hornee hasta que las natillas estén firmes, aproximadamente 30 minutos.

f) Retire los platos de la fuente para asar y enfríe a temperatura ambiente sobre una rejilla, luego refrigere hasta que estén fríos, aproximadamente 2 horas.

g) Para hacer el coulis, simplemente haga puré las frambuesas en el procesador de alimentos. Agrega edulcorante al gusto.

h) Para servir, pase una cuchara por el borde de cada natilla y colóquela en un plato de postre.

i) Rocíe coulis sobre la crema y termine con unas frambuesas frescas y una ramita de menta, si la usa.

41. Creme Brûlée de frambuesa y chocolate blanco

INGREDIENTES
- 1 taza de azúcar
- 1 ½ tazas de crema espesa
- ½ taza de leche entera
- 6 huevos grandes
- ¼ cucharadita de sal
- 1 cucharadita de extracto de vainilla
- 4 onzas de chocolate blanco, picado
- ½ taza de frambuesas frescas
- Crema batida y frambuesas frescas adicionales para servir

INSTRUCCIONES

a) Precalienta el horno a 325°F.

b) En una cacerola mediana, calienta el azúcar a fuego medio, revolviendo constantemente hasta que se derrita y se dore.

c) Vierta el azúcar derretida en un molde de crema brûlée de 9 pulgadas, girando para cubrir el fondo y los lados del molde.

d) En una cacerola pequeña, caliente la crema espesa, la leche entera, el extracto de vainilla y el chocolate blanco picado a fuego medio, revolviendo constantemente hasta que el chocolate se derrita y la mezcla hierva a fuego lento.

e) En un recipiente aparte, mezcle los huevos y la sal.

f) Vierta lentamente la mezcla de crema caliente en la mezcla de huevo, batiendo constantemente.

g) Colar la mezcla por un colador de malla fina y verter en el molde de crème brûlée.

h) Echa las frambuesas frescas en la mezcla de crema brûlée.

i) Coloque el molde en una fuente para hornear grande y llénela con suficiente agua caliente para llegar hasta la mitad de los lados del molde.

j) 10. Hornee durante 50-60 minutos o hasta que la crema brûlée esté firme y se mueva ligeramente al agitarla.

k) Retirar del horno y dejar enfriar a temperatura ambiente antes de refrigerar durante al menos 2 horas o toda la noche.

l) Para servir, pase un cuchillo por los bordes del molde e inviértalo en una fuente para servir. Sirva con crema batida y frambuesas frescas adicionales.

42. Crema brulée de frambuesa y rosa

INGREDIENTES
- 1 taza de azúcar
- 1 ½ tazas de crema espesa
- ½ taza de leche entera
- 6 yemas de huevo grandes
- ½ cucharadita de agua de rosas
- ¼ cucharadita de sal
- ½ taza de frambuesas frescas

INSTRUCCIONES

a) Precalienta el horno a 325°F.

b) En una cacerola mediana, calienta el azúcar a fuego medio, revolviendo constantemente hasta que se derrita y se dore.

c) Vierta el azúcar derretida en un molde de crema brûlée de 9 pulgadas, girando para cubrir el fondo y los lados del molde.

d) En una cacerola pequeña, caliente la crema espesa, la leche entera y el agua de rosas a fuego medio, revolviendo constantemente hasta que hierva a fuego lento.

e) En un recipiente aparte, mezcle las yemas de huevo y la sal.

f) Vierta lentamente la mezcla de nata caliente sobre las yemas de huevo, batiendo constantemente.

g) Colar la mezcla por un colador de malla fina y verter en el molde de crème brûlée.

h) Coloque el molde en una fuente para hornear grande y llénela con suficiente agua caliente para llegar hasta la mitad de los lados del molde.

i) Esparce las frambuesas sobre la mezcla de crema brûlée.

j) Hornee durante 50 a 60 minutos o hasta que la crema brûlée esté firme y se mueva ligeramente al agitarla.

k) Retirar del horno y dejar enfriar a temperatura ambiente antes de refrigerar durante al menos 2 horas o toda la noche.

l) Para servir, pase un cuchillo por los bordes del molde e inviértalo en una fuente para servir.

43. Crema brulée de naranja sanguina

INGREDIENTES
- 1 taza de azúcar
- 1 ½ tazas de crema espesa
- ½ taza de leche entera
- 6 yemas de huevo grandes
- ¼ cucharadita de sal
- ½ taza de jugo de naranja sanguina
- 1 cucharada de ralladura de naranja sanguina

INSTRUCCIONES

a) Precalienta el horno a 325°F.

b) En una cacerola mediana, calienta el azúcar a fuego medio, revolviendo constantemente hasta que se derrita y se dore.

c) Vierta el azúcar derretida en un molde de crema brûlée de 9 pulgadas, girando para cubrir el fondo y los lados del molde.

d) En una cacerola pequeña, caliente la crema espesa, la leche entera, el jugo de naranja sanguina, la ralladura de naranja sanguina y la sal a fuego medio, revolviendo constantemente hasta que hierva a fuego lento.

e) En un recipiente aparte, mezcle las yemas de huevo.

f) Vierta lentamente la mezcla de nata caliente sobre las yemas de huevo, batiendo constantemente.

g) Colar la mezcla por un colador de malla fina y verter en el molde de crème brûlée.

h) Coloque el molde en una fuente para hornear grande y llénela con suficiente agua caliente para llegar hasta la mitad de los lados del molde.

i) Hornee durante 50 a 60 minutos o hasta que la crema brûlée esté firme y se mueva ligeramente al agitarla.

j) Retirar del horno y dejar enfriar a temperatura ambiente antes de refrigerar durante al menos 2 horas o toda la noche.

k) Para servir, pase un cuchillo por los bordes del molde e inviértalo en una fuente para servir.

44. Crema brulée de mascarpone y limón

INGREDIENTES
- 1 taza de azúcar
- 1 ½ tazas de crema espesa
- ½ taza de leche entera
- 6 yemas de huevo grandes
- ¼ taza de jugo de limón
- 1 cucharada de ralladura de limón
- ¼ cucharadita de sal
- 4 onzas de queso mascarpone

INSTRUCCIONES

a) Precalienta el horno a 325°F.

b) En una cacerola mediana, calienta el azúcar a fuego medio, revolviendo constantemente hasta que se derrita y se dore.

c) Vierta el azúcar derretida en un molde de crema brûlée de 9 pulgadas, girando para cubrir el fondo y los lados del molde.

d) En una cacerola pequeña, caliente la crema espesa, la leche entera, el jugo de limón, la ralladura de limón y la sal a fuego medio, revolviendo constantemente hasta que hierva a fuego lento.

e) En un recipiente aparte, mezcle las yemas de huevo y el queso mascarpone.

f) Vierta lentamente la mezcla de nata caliente sobre las yemas de huevo, batiendo constantemente.

g) Colar la mezcla por un colador de malla fina y verter en el molde de crème brûlée.

h) Coloque el molde en una fuente para hornear grande y llénela con suficiente agua caliente para llegar hasta la mitad de los lados del molde.

i) Hornee durante 50 a 60 minutos o hasta que la crema brûlée esté firme y se mueva ligeramente al agitarla.

j) Retirar del horno y dejar enfriar a temperatura ambiente antes de refrigerar durante al menos 2 horas o toda la noche.

k) Para servir, pase un cuchillo por los bordes del molde e inviértalo en una fuente para servir.

45. Crema brulée de tarta de queso y fresas

INGREDIENTES
- 1 taza de azúcar
- 1 ½ tazas de crema espesa
- ½ taza de leche entera
- 6 huevos grandes
- ¼ cucharadita de sal
- 4 onzas de queso crema, ablandado
- ½ taza de puré de fresa
- ¼ de taza de galletas Graham molidas
- Crema batida y migas adicionales de galletas Graham para servir

INSTRUCCIONES
a) Precalienta el horno a 325°F.
b) En una cacerola mediana, calienta el azúcar a fuego medio, revolviendo constantemente hasta que se derrita y se dore.
c) Vierta el azúcar derretida en un molde de crema brûlée de 9 pulgadas, girando para cubrir el fondo y los lados del molde.
d) En una cacerola pequeña, caliente la crema espesa, la leche entera y la sal a fuego medio, revolviendo constantemente hasta que hierva a fuego lento.
e) En un recipiente aparte, bata el queso crema hasta que quede suave.
f) Agrega el puré de fresa y bate hasta que esté bien combinado.
g) Agrega los huevos uno a la vez, batiendo bien después de cada adición.
h) Agregue las migas de galletas Graham hasta que estén bien combinadas.
i) Colar la mezcla por un colador de malla fina y verter en el molde de crème brûlée.
j) Coloque el molde en una fuente para hornear grande y llénela con suficiente agua caliente para llegar hasta la mitad de los lados del molde.
k) Hornee durante 50 a 60 minutos o hasta que la crema brûlée esté firme y se mueva ligeramente al agitarla.
l) Retirar del horno y dejar enfriar a temperatura ambiente antes de refrigerar durante al menos 2 horas o toda la noche.
m) Para servir, pase un cuchillo por los bordes del molde e inviértalo en una fuente para servir. Sirva con crema batida y migas de galleta Graham adicionales.

46. Crema brulée de lima y lima

INGREDIENTES
- 1 taza de azúcar
- 1 ½ tazas de crema espesa
- ½ taza de leche entera
- 6 yemas de huevo grandes
- ¼ cucharadita de sal
- ½ taza de jugo de lima
- 1 cucharada de ralladura de lima

INSTRUCCIONES
a) Precalienta el horno a 325°F.
b) En una cacerola mediana, calienta el azúcar a fuego medio, revolviendo constantemente hasta que se derrita y se dore.
c) Vierta el azúcar derretida en un molde de crema brûlée de 9 pulgadas, girando para cubrir el fondo y los lados del molde.
d) En una cacerola pequeña, caliente la crema espesa, la leche entera, el jugo de lima, la ralladura de lima y la sal a fuego medio, revolviendo constantemente hasta que hierva a fuego lento.
e) En un recipiente aparte, mezcle las yemas de huevo.
f) Vierta lentamente la mezcla de nata caliente sobre las yemas de huevo, batiendo constantemente.
g) Colar la mezcla por un colador de malla fina y verter en el molde de crème brûlée.
h) Coloque el molde en una fuente para hornear grande y llénela con suficiente agua caliente para llegar hasta la mitad de los lados del molde.
i) Hornee durante 50 a 60 minutos o hasta que la crema brûlée esté firme y se mueva ligeramente al agitarla.
j) Retirar del horno y dejar enfriar a temperatura ambiente antes de refrigerar durante al menos 2 horas o toda la noche.
k) Para servir, pase un cuchillo por los bordes del molde e inviértalo en una fuente para servir.

47. Creme brulée de coco y lima

INGREDIENTES
- 1 taza de azúcar
- 1 ½ tazas de leche de coco
- ½ taza de leche entera
- 6 huevos grandes
- ¼ cucharadita de sal
- ¼ de taza de jugo de lima
- 1 cucharada de ralladura de lima
- Crema batida y ralladura de lima adicional para servir

INSTRUCCIONES

a) Precalienta el horno a 325°F.

b) En una cacerola mediana, calienta el azúcar a fuego medio, revolviendo constantemente hasta que se derrita y se dore.

c) Vierta el azúcar derretida en un molde de crema brûlée de 9 pulgadas, girando para cubrir el fondo y los lados del molde.

d) En una cacerola pequeña, caliente la leche de coco, la leche entera, el jugo de lima, la ralladura de lima y la sal a fuego medio, revolviendo constantemente hasta que hierva a fuego lento.

e) En un recipiente aparte, bata los huevos.

f) Vierta lentamente la mezcla de leche caliente en los huevos, batiendo constantemente.

g) Colar la mezcla por un colador de malla fina y verter en el molde de crème brûlée.

h) Coloque el molde en una fuente para hornear grande y llénela con suficiente agua caliente para llegar hasta la mitad de los lados del molde.

i) Hornee durante 50 a 60 minutos o hasta que la crema brûlée esté firme y se mueva ligeramente al agitarla.

j) Retirar del horno y dejar enfriar a temperatura ambiente antes de refrigerar durante al menos 2 horas o toda la noche.

k) Para servir, pase un cuchillo por los bordes del molde e inviértalo en una fuente para servir. Sirva con crema batida y ralladura de lima adicional.

48. Creme brûlées de natillas de ron con caramelo y plátanos

INGREDIENTES:
- 1 taza de crema espesa
- 1 taza de leche
- 3 huevos grandes
- ½ taza de azúcar granulada
- 2 cucharadas de ron oscuro
- 1 cucharadita de extracto de vainilla
- ¼ cucharadita de sal
- ½ taza de azúcar granulada (para el caramelo)
- 2 plátanos maduros, rebanados

INSTRUCCIONES:
a) Precalienta tu horno a 350°F (180°C).
b) En una cacerola, calienta la crema espesa y la leche a fuego medio, revolviendo ocasionalmente, hasta que comience a humear. Retirar del fuego y dejar enfriar unos minutos.
c) En un tazón grande, mezcle los huevos, el azúcar, el ron, el extracto de vainilla y la sal hasta que estén bien combinados.
d) Vierta lentamente la mezcla de leche tibia en la mezcla de huevo, batiendo constantemente, hasta que esté completamente combinado.
e) Para hacer el caramelo, vierte la ½ taza de azúcar granulada en una cacerola mediana y calienta a fuego medio, revolviendo ocasionalmente, hasta que se derrita y tome un color dorado.
f) Vierta el caramelo en el fondo de seis moldes o moldes para natillas, inclinándolos para cubrir el fondo de manera uniforme.
g) Divida los plátanos en rodajas entre los moldes y colóquelos encima del caramelo.
h) Vierta la mezcla de natillas sobre los plátanos y el caramelo, llenando los moldes casi hasta arriba.
i) Coloque los moldes en una fuente para hornear grande y llénelo con suficiente agua para llegar hasta la mitad de los lados de los moldes.
j) Hornee durante 30-35 minutos o hasta que la crema esté firme pero todavía ligeramente temblorosa en el medio.
k) Retire los moldes del baño maría y déjelos enfriar a temperatura ambiente, luego refrigérelos durante al menos 2 horas o toda la noche.
l) Para servir, pase un cuchillo por el borde de cada molde para aflojar la crema brûlée. Coloque un plato encima del molde, inviértalo y golpéelo

suavemente para soltar la crema brûlée. El caramelo y los plátanos quedarán encima.

49. Crema brûlée de cerezas frescas

Rinde: 1 porciones

INGREDIENTES
- 2 yemas de huevo
- 1 huevo entero
- 3½ tazas de cerezas dulces maduras
- ½ taza de azúcar
- ½ taza de mantequilla, derretida
- 1 taza de harina
- 3 cucharadas de ron oscuro
- 1 cucharadita de ralladura de limón
- 1 taza de leche
- Azúcar en polvo y crema fresca

INSTRUCCIONES:

a) Quite las cerezas con cuidado, dejándolas enteras. Batir el azúcar, las yemas y el huevo hasta que quede suave.

b) Batir ⅓ taza de mantequilla, luego la harina, el ron, la ralladura y la leche. La masa debe quedar muy suave.

c) Si lo desea, la masa se puede mezclar rápidamente en una licuadora.

d) Cubra una fuente para hornear de 9 pulgadas o un molde con la mantequilla restante. Coloca las cerezas en el fondo y vierte la masa por encima.

e) Hornee en un horno precalentado a 400 grados durante 35 a 40 minutos o hasta que estén dorados, ligeramente inflados y listos.

f) Sirva caliente con un poco de azúcar en polvo y una o dos cucharadas de crema fresca.

PARA HACER CREMA FRAICHE:

g) Agregue 3 cucharadas de suero de leche cultivado o 1 taza de crema agria cultivada a 2 tazas de crema espesa en una cacerola. Caliente suavemente a unos 90 grados fuera del fuego y vierta en un frasco limpio.

h) Cubra sin apretar y déjelo reposar a temperatura ambiente (75 a 80 grados) durante 6 a 8 horas o toda la noche hasta que la crema esté muy espesa.

i) Revuelva suavemente, cubra y refrigere por hasta 2 semanas.

50. Creme brûlée de frambuesa negra

Rinde: 1 porción

INGREDIENTES
- 1 taza de leche
- ⅓ taza de azúcar
- 3 huevos
- 2 cucharaditas de vainilla
- Una pizca de sal
- ½ taza de harina
- 3 tazas de frambuesas negras

INSTRUCCIONES:

a)   Combine la leche, ¼ de taza de azúcar, los huevos, la vainilla, la sal y la harina en una licuadora y mezcle bien a alta velocidad durante 1 minuto.

b)   Vierta una fina capa de masa en un plato de crema brûlée o en un plato hondo para pastel ligeramente untado con mantequilla.

c)   Cocine a fuego moderado hasta que cuaje. Retire el plato del fuego y unte con frambuesas.

d)   Espolvorea el azúcar restante sobre las bayas. Vierta la masa restante sobre la fruta.

e)   Hornee en horno a 350 grados durante 50 a 60 minutos hasta que se dore. ¡Sirva caliente!

f)   Refrigere las sobras.

GRANOS BRÛLÉE

51. Brûlée de avena escocesa

INGREDIENTES:
- 1 taza de avena escocesa (avena cortada en acero)
- 3 tazas de agua
- 1 taza de leche baja en grasa (o leche vegetal)
- ¼ taza de azúcar moreno
- 1 cucharadita de extracto de vainilla
- ½ cucharadita de canela molida
- Pizca de sal
- 2 cucharaditas de azúcar turbinado (o cualquier azúcar gruesa)

INSTRUCCIONES:

a) En una cacerola, hierva el agua. Agrega la avena escocesa y reduce el fuego al mínimo. Cocine a fuego lento durante unos 20-25 minutos, revolviendo ocasionalmente, hasta que la avena esté tierna y haya absorbido la mayor parte del agua.

b) Agrega la leche, el azúcar morena, el extracto de vainilla, la canela molida y la sal. Cocine durante 5 a 10 minutos más, revolviendo con frecuencia, hasta que la mezcla espese y adquiera una consistencia cremosa.

c) Precalienta tu parrilla.

d) Divida la mezcla de avena en cuatro moldes o tazones aptos para horno.

e) Espolvoree aproximadamente ½ cucharadita de azúcar turbinado uniformemente sobre la parte superior de cada molde.

f) Coloque los moldes en una bandeja para hornear y ase durante 2-3 minutos, o hasta que el azúcar se derrita y se caramelice, creando una corteza dorada.

g) Retirar del asador y dejar enfriar el Scottish Oatmeal Brûlée durante unos minutos antes de servir.

h) Sirva el Oatmeal Brûlée caliente y disfrute de los reconfortantes sabores de la avena y las especias con una deliciosa superficie crujiente y caramelizada.

52. Crema brulée de maíz dulce

INGREDIENTES:
- 1-½ tazas de maíz congelado, descongelado
- 4-½ cucharaditas de mantequilla
- 3 tazas de crema para batir espesa
- 1 taza de leche 2%
- 8 yemas de huevo grandes
- 1-¼ de taza más 2 cucharadas de azúcar, cantidad dividida
- 2 cucharadas de extracto de vainilla
- Frambuesas frescas y hojas de menta.

INSTRUCCIONES:

a) Saltee el maíz en mantequilla hasta que esté tierno en una cacerola grande; bajar el fuego. Agrega la leche y la crema; Caliente hasta que se formen burbujas alrededor de los lados de la sartén. Ligeramente fresco. Poner en la licuadora; cubrir. Procese hasta que quede suave. Cepa; desecha la pulpa de maíz. Poner en la sartén.

b) Batir 1 ¼ de taza de azúcar y las yemas de huevo en un tazón pequeño. Mezcle una pequeña cantidad de crema caliente con la mezcla de huevo; Ponlo todo nuevamente en la sartén, mezclando constantemente. Incorpora la vainilla.

c) Ponga en 6 6 onzas. moldes. Poner en una fuente para hornear; a la sartén, agregue 1 pulg. agua hirviendo. Hornee a 325 °, sin tapar, hasta que el centro esté listo durante 40 a 45 minutos. Saque los moldes del baño María y déjelos enfriar durante 10 minutos. Cubrir; refrigerar por un mínimo de 4 horas.

d) Espolvoree el azúcar sobrante sobre las natillas si usa un soplete de crème Brûlée.

e) Calentar el azúcar con un soplete hasta que se caramelice. Servir inmediatamente.

f) Opción de natillas para asar: coloque los moldes en una bandeja para hornear; dejar reposar durante 15 minutos a temperatura ambiente. Espolvorea azúcar; asar a la parrilla 8 pulg. Del fuego hasta que el azúcar se caramelice durante 4-7 minutos. Refrigere hasta que esté firme durante 1-2 horas.

g) Adorne con hojas de menta y frambuesas; atender.

53. Arroz con leche brulée

INGREDIENTES:
- 1 taza de arroz cocido
- 2 tazas de leche entera
- ¼ taza de azúcar granulada
- 1 cucharadita de extracto de vainilla
- ¼ cucharadita de canela molida
- ¼ cucharadita de nuez moscada molida
- 4 yemas de huevo
- Azúcar granulada, para caramelizar

INSTRUCCIONES:
a) Precalienta tu horno a 325°F (160°C).
b) En una cacerola, combine el arroz cocido, la leche, el azúcar, el extracto de vainilla, la canela y la nuez moscada. Cocine a fuego medio, revolviendo ocasionalmente, hasta que la mezcla espese un poco.
c) En un recipiente aparte, bata las yemas de huevo hasta que estén bien combinadas.
d) Vierta lentamente la mezcla de arroz caliente sobre las yemas de huevo, batiendo continuamente.
e) Divida la mezcla entre moldes o platos aptos para horno.
f) Coloque los moldes en una fuente para horno y llénelo con agua caliente hasta que llegue a la mitad de los lados de los moldes.
g) Hornee durante unos 40-45 minutos o hasta que la crema esté cuajada.
h) Retire los moldes del baño María y déjelos enfriar a temperatura ambiente. Luego refrigere por al menos 2 horas o toda la noche.
i) Justo antes de servir, espolvorea una fina capa de azúcar granulada encima de cada natilla. Usa un soplete de cocina para caramelizar el azúcar hasta que se forme una corteza crujiente.
j) Deje que el azúcar se endurezca durante unos minutos, luego sirva y disfrute.

BRÛLEE VEGGIE

54. Budín Brûlée De Pan De Calabaza

INGREDIENTES:
- 2 tazas de puré de calabaza
- 1 taza de crema espesa
- 1 taza de leche entera
- 4 yemas de huevo
- ½ taza de azúcar granulada
- 1 cucharadita de extracto de vainilla
- 1 cucharadita de canela molida
- ½ cucharadita de nuez moscada molida
- ¼ cucharadita de clavo molido
- 4 tazas de pan del día anterior en cubitos
- Azúcar moreno, para caramelizar

INSTRUCCIONES:

a) Precalienta tu horno a 325°F (160°C).

b) En un tazón, mezcle el puré de calabaza, la crema espesa, la leche, las yemas de huevo, el azúcar, el extracto de vainilla, la canela, la nuez moscada y los clavos hasta que estén bien combinados.

c) Agrega el pan en cubos a la mezcla y déjalo en remojo durante 10-15 minutos.

d) Divida la mezcla entre moldes o platos aptos para horno.

e) Coloque los moldes en una fuente para horno y llénelo con agua caliente hasta que llegue a la mitad de los lados de los moldes.

f) Hornee durante unos 40-45 minutos o hasta que la crema esté cuajada.

g) Retire los moldes del baño María y déjelos enfriar a temperatura ambiente. Luego refrigere por al menos 2 horas o toda la noche.

h) Justo antes de servir, espolvorea una fina capa de azúcar moreno encima de cada natilla. Usa un soplete de cocina para caramelizar el azúcar hasta que se forme una corteza crujiente.

i) Deje que el azúcar se endurezca durante unos minutos, luego sirva y disfrute.

55. Crema brulée de jengibre y chile

INGREDIENTES:
- 1 taza de crema espesa
- 1 taza de leche entera
- 4 yemas de huevo
- ½ taza de azúcar granulada
- 1 cucharada de jengibre fresco rallado
- 1 chile rojo pequeño, finamente picado (sin semillas para calentar menos)
- Azúcar granulada, para caramelizar

INSTRUCCIONES:
a) Precalienta tu horno a 325°F (160°C).
b) En una cacerola calienta a fuego medio la nata, la leche, el jengibre rallado y el chile picado hasta que empiece a hervir a fuego lento.
c) En un recipiente aparte, mezcle las yemas de huevo y el azúcar hasta que estén bien combinados.
d) Vierta lentamente la mezcla de crema caliente en la mezcla de yemas de huevo, batiendo continuamente.
e) Cuele la mezcla a través de un colador de malla fina para quitar el jengibre y el chile.
f) Divida la mezcla entre moldes o platos aptos para horno.
g) Coloque los moldes en una fuente para horno y llénelo con agua caliente hasta que llegue a la mitad de los lados de los moldes.
h) Hornee durante unos 35 a 40 minutos, o hasta que la crema esté firme pero todavía ligeramente temblorosa en el centro.
i) Retire los moldes del baño María y déjelos enfriar a temperatura ambiente. Luego refrigere por al menos 2 horas o toda la noche.
j) Justo antes de servir, espolvorea una fina capa de azúcar granulada encima de cada natilla. Usa un soplete de cocina para caramelizar el azúcar hasta que se forme una corteza crujiente.
k) Deje que el azúcar se endurezca durante unos minutos, luego sirva y disfrute.

56. Brulée de ruibarbo

INGREDIENTES:
- 2 tazas de ruibarbo picado
- ½ taza de azúcar granulada
- 1 taza de crema espesa
- 1 taza de leche entera
- 4 yemas de huevo
- ½ taza de azúcar granulada (para caramelizar)

INSTRUCCIONES:

a) Precalienta tu horno a 325°F (160°C).

b) En una cacerola, combine el ruibarbo picado y ½ taza de azúcar. Cocina a fuego medio hasta que el ruibarbo esté suave y suelte su jugo.

c) Retirar el ruibarbo del fuego y dejar enfriar un poco. Triture el ruibarbo con un tenedor o licúelo hasta que quede suave.

d) En un recipiente aparte, mezcle las yemas de huevo y ½ taza de azúcar granulada hasta que estén bien combinados.

e) En otra cacerola calienta la nata espesa y la leche a fuego medio hasta que empiece a hervir a fuego lento.

f) Vierta lentamente la mezcla de crema caliente en la mezcla de yemas de huevo, batiendo continuamente.

g) Agregue el puré de ruibarbo hasta que esté bien combinado.

h) Divida la mezcla entre moldes o platos aptos para horno.

i) Coloque los moldes en una fuente para horno y llénelo con agua caliente hasta que llegue a la mitad de los lados de los moldes.

j) Hornee durante unos 35 a 40 minutos, o hasta que la crema esté firme pero todavía ligeramente temblorosa en el centro.

k) Retire los moldes del baño María y déjelos enfriar a temperatura ambiente. Luego refrigere por al menos 2 horas o toda la noche.

l) Justo antes de servir, espolvorea una fina capa de azúcar granulada encima de cada natilla. Usa un soplete de cocina para caramelizar el azúcar hasta que se forme una corteza crujiente.

m) Deje que el azúcar se endurezca durante unos minutos, luego sirva y disfrute.

57. Crema brulée de calabaza

INGREDIENTES
- 1 taza de azúcar
- 4 huevos
- 1 lata (15 onzas) de puré de calabaza
- 1 lata (14 onzas) de leche condensada azucarada
- 1 cucharadita de canela molida
- ½ cucharadita de jengibre molido
- ¼ cucharadita de nuez moscada molida
- ¼ cucharadita de sal

INSTRUCCIONES

a) Precalienta el horno a 350°F.

b) En una cacerola pequeña, derrita el azúcar a fuego medio hasta que se convierta en un caramelo dorado.

c) Vierta el caramelo en un molde para pasteles redondo de 9 pulgadas, girando el molde para cubrir el fondo y los lados.

d) En un tazón grande, mezcle los huevos, el puré de calabaza, la leche condensada, la canela, el jengibre, la nuez moscada y la sal hasta que quede suave.

e) Vierta la mezcla de huevo en el molde para pasteles y coloque el molde en una fuente para hornear más grande llena de agua caliente, creando un baño de agua.

f) Hornee durante 50 a 60 minutos, o hasta que la crema brûlée esté firme pero aún se mueva ligeramente en el centro.

g) Retire la sartén del baño maría y déjala enfriar a temperatura ambiente.

h) Cubra y enfríe en el refrigerador durante al menos 2 horas o toda la noche.

i) Para servir, pase un cuchillo por el borde de la sartén e invierta la crema brûlée en una fuente para servir.

58. Ube Crème Brulée

INGREDIENTES
- 10 yemas de huevo
- Lata de 14 onzas de leche condensada
- Lata de 12 onzas de leche evaporada
- 1 cucharada de extracto de ube
- ¾ taza de azúcar granulada
- 2 cucharadas de agua

INSTRUCCIONES

a) Precalienta el horno a 350F

b) En una ollita pequeña hervir el azúcar y el agua a fuego medio hasta que se haya disuelto todo el azúcar.

c) Luego baje el fuego y continúe cocinando con el azúcar hasta lograr un color caramelo dorado.

d) Divida el caramelo en los 6 moldes y déjelo enfriar.

e) En un bol grande, bata suavemente las yemas de huevo con la leche condensada y el extracto de ube.

f) Luego vierta la leche evaporada y revuelva ligeramente para combinar.

g) Vierta la mezcla de huevo y leche a través de un colador de malla fina y llene cada molde con ella, apenas hasta arriba.

h) Forre el fondo de una bandeja para hornear con un paño de cocina y coloque cada molde encima.

i) Luego llena la bandeja para hornear con agua hirviendo hasta llegar a la mitad de los lados de los moldes.

j) Transfiere la bandeja al horno y hornea durante 45-55 minutos.

59. Creme Brûlée de Zanahoria con Microgreens

INGREDIENTES

- 12 onzas de zanahorias
- 4 huevos
- ½ taza de crema espesa
- ½ cucharadita de sal marina
- ¼ cucharadita de pimienta negra molida
- Un puñado de microvegetales de caléndula
- Vinagreta de elección

INSTRUCCIONES

a) Precalienta el horno a 325 grados Fahrenheit.

b) Unte los moldes con mantequilla.

c) En una olla con agua hirviendo con sal, cocine las zanahorias hasta que estén blandas, aproximadamente 8 minutos.

d) Escurrir y hacer puré hasta que quede suave en un procesador de alimentos o licuadora, luego dejar enfriar un poco.

e) Combine el puré de zanahorias, los huevos, la crema espesa, la sal y la pimienta en un tazón.

f) Coloque los moldes untados con mantequilla en una fuente para horno y divida la mezcla entre ellos.

g) Vierta suficiente agua caliente en la bandeja para hornear para cubrir los moldes hasta la mitad de los lados.

h) Hornee hasta que las natillas estén firmes y al insertar un cuchillo cerca del centro de una de ellas salga limpio, aproximadamente 30 minutos.

i) Saque los moldes de la fuente para hornear y déjelos a un lado para que se enfríen un poco antes de desmoldar.

j) En un tazón, coloque un puñado de microvegetales por cada porción de crema brûlée.

k) Sirva la crema brûlées con un puñado de microgreens aliñados y una pizca de vinagreta a un lado.

60. Crema brulée de calabaza

INGREDIENTES

- ¾ taza de azúcar
- ½ cucharadita de extracto puro de arce
- 2 cucharaditas de ralladura de naranja
- ½ cucharadita de flor de sal
- 1½ cucharadita de canela molida
- ½ cucharadita de nuez moscada molida
- lata de 28 onzas dea base de plantasleche
- 1 taza de puré de calabaza
- ½ taza de mascarpone italiano
- 1 cucharadita de extracto puro de vainilla

INSTRUCCIONES

a) En una cacerola de fondo grueso, combine el azúcar, el jarabe de arce y el agua.

b) Cocine a fuego lento, revolviendo ocasionalmente, durante 5 a 10 minutos, o hasta que la mezcla se dore y alcance los 230°F.

c) Retire la sartén del fuego, agregue la flor de sal y viértala en un molde para pasteles grande y redondo de inmediato.

d) En un tazón, combine la leche vegetal, el puré de calabaza y el mascarpone; batir a velocidad baja hasta que quede suave.

e) Batir la vainilla, el extracto de arce, la ralladura de naranja, la canela y la nuez moscada en un tazón.

f) Vierte la mezcla de calabaza en el molde con el caramelo poco a poco para que no se mezclen.

g) Coloque el molde para pasteles en una fuente para hornear y vierta suficiente agua caliente en la fuente para hornear hasta llegar a la mitad de los bordes del molde para pasteles.

h) Hornee durante 70-75 minutos en el centro del horno, hasta que la crema apenas esté cuajada.

i) Retire la crema brûlée del baño de agua y enfríe completamente sobre una rejilla para enfriar. Refrigere por al menos 3 horas.

j) Pasa un cuchillo pequeño por el borde de la crema brûlée.

k) Voltee el molde para pasteles sobre un plato plano para servir con un ligero borde y coloque la crema brûlée en el plato. El caramelo debe gotear por los lados de la crème brûlée.

l) Cortar en gajos y servir con una cucharada de caramelo encima de cada rebanada.

61. Crema brulée de calabaza y salvia

INGREDIENTES

- 1 calabaza mediana, pelada, sin semillas y cortada en cubos
- 2 cucharadas de aceite de oliva
- 1 cebolla, finamente picada
- 2 dientes de ajo, picados
- 6 hojas frescas de salvia, picadas
- ½ taza de crema espesa
- 4 huevos grandes
- Sal y pimienta para probar
- Queso parmesano para servir (opcional)

INSTRUCCIONES

a) Precalienta el horno a 375°F (190°C).

b) En una sartén grande, calienta el aceite de oliva a fuego medio-alto. Agrega la cebolla y el ajo y saltea hasta que la cebolla esté suave y traslúcida, aproximadamente 5 minutos.

c) Agregue los cubos de calabaza y las hojas de salvia picadas a la sartén y cocine hasta que la calabaza esté tierna, aproximadamente de 15 a 20 minutos. Retirar del fuego y dejar enfriar.

d) En un tazón, mezcle la crema espesa y los huevos hasta que estén bien combinados. Añadir sal y pimienta al gusto.

e) Engrase un molde para pastel de 9 pulgadas o una fuente para hornear con aceite de oliva. Extienda la mezcla de calabaza cocida uniformemente en el fondo del plato.

f) Vierta la mezcla de huevo sobre la calabaza y hornee durante 30-35 minutos o hasta que la crema brûlée esté cuajada y ligeramente dorada por encima.

g) Retire la crema brûlée del horno y déjela enfriar durante 5 a 10 minutos antes de cortarla y servirla. Puedes espolvorear un poco de queso parmesano encima antes de servir, si lo deseas.

62. Crema brulée de camote

INGREDIENTES
- 1 taza de azúcar
- 1 taza de crema espesa
- 1 taza de leche entera
- 6 huevos grandes
- ¼ cucharadita de sal
- 1 taza de puré de batatas
- 1 cucharadita de canela molida
- ½ cucharadita de nuez moscada molida
- Crema batida y canela molida adicional para servir

INSTRUCCIONES
a) Precalienta el horno a 325°F.
b) En una cacerola mediana, calienta el azúcar a fuego medio, revolviendo constantemente hasta que se derrita y se dore.
c) Vierta el azúcar derretida en un molde de crema brûlée de 9 pulgadas, girando para cubrir el fondo y los lados del molde.
d) En una cacerola pequeña, caliente la crema espesa, la leche entera, el puré de camote, la canela molida y la nuez moscada molida a fuego medio, revolviendo constantemente hasta que hierva a fuego lento.
e) En un recipiente aparte, mezcle los huevos y la sal.
f) Vierta lentamente la mezcla de crema caliente en la mezcla de huevo, batiendo constantemente.
g) Colar la mezcla por un colador de malla fina y verter en el molde de crème brûlée.
h) Coloque el molde en una fuente para hornear grande y llénela con suficiente agua caliente para llegar hasta la mitad de los lados del molde.
i) Hornee durante 50 a 60 minutos o hasta que la crema brûlée esté firme y se mueva ligeramente al agitarla.
j) Retirar del horno y dejar enfriar a temperatura ambiente antes de refrigerar durante al menos 2 horas o toda la noche.
k) Para servir, pase un cuchillo por los bordes del molde e inviértalo en una fuente para servir. Servir con crema batida y una pizca de canela molida.

63. Creme brulée de batata y salvia

INGREDIENTES
- 1 cucharada de mantequilla
- 1 cucharada de aceite de oliva
- 1 batata grande, pelada y rallada
- ½ cucharadita de sal
- ¼ cucharadita de pimienta negra
- 1 cucharada de salvia fresca picada
- ½ taza de queso gruyere rallado
- ¼ taza de queso parmesano rallado
- ½ taza de crema espesa
- ½ taza de leche entera
- 3 huevos grandes

INSTRUCCIONES

a) Precalienta el horno a 325°F.

b) En una sartén grande, derrita la mantequilla con el aceite de oliva a fuego medio.

c) Agrega el camote rallado, la sal y la pimienta negra y cocina, revolviendo ocasionalmente, durante 5 a 7 minutos o hasta que el camote esté tierno y ligeramente dorado.

d) Engrase un molde de crema brûlée de 9 pulgadas y espolvoree la salvia fresca picada, el queso gruyere rallado y el queso parmesano rallado uniformemente sobre el fondo.

e) En una cacerola pequeña, caliente la crema espesa y la leche entera a fuego medio, revolviendo constantemente hasta que hierva a fuego lento.

f) En un recipiente aparte, bata los huevos.

g) Vierta lentamente la mezcla de crema caliente en la mezcla de huevo, batiendo constantemente.

h) Agrega el boniato cocido y vierte la mezcla en el molde de crema brûlée.

i) Coloque el molde en una fuente para hornear grande y llénela con suficiente agua caliente para llegar hasta la mitad de los lados del molde.

j) Hornee durante 50 a 60 minutos o hasta que la crema brûlée esté firme y se mueva ligeramente al agitarla.

k) Retirar del horno y dejar enfriar a temperatura ambiente antes de refrigerar durante al menos 2 horas o toda la noche.

l) Para servir, pase un cuchillo por los bordes del molde e inviértalo en una fuente para servir.

64. Crema brulée de cangrejo y espárragos

INGREDIENTES
- 200 g de carne de cangrejo fresca, sin cáscara
- 200 g de espárragos, pelados y picados en trozos pequeños
- 4 huevos
- 200ml de nata doble
- 1 cucharadita de mostaza Dijon
- Sal y pimienta para probar
- Mantequilla, para engrasar
- Hojas de perejil fresco, picadas

INSTRUCCIONES

a) Precalienta el horno a 180°C/160°C ventilador/gas marca 4.

b) Engrase cuatro moldes pequeños o una fuente para hornear grande con mantequilla.

c) En una cacerola pequeña, cocina los espárragos en agua hirviendo durante 5 minutos hasta que estén tiernos. Escurrir y reservar.

d) En un tazón, mezcle los huevos, la crema doble y la mostaza de Dijon. Sazone con sal y pimienta al gusto.

e) Agregue los espárragos cocidos y la carne de cangrejo al tazón y mezcle.

f) Vierta la mezcla de manera uniforme en los moldes o en la fuente para hornear.

g) Coloque los moldes o la fuente para hornear en una bandeja para asar y vierta suficiente agua hirviendo en la bandeja hasta llegar a la mitad de los lados de los moldes o la fuente.

h) Hornee en el horno precalentado durante 20-25 minutos hasta que la crema brûlée esté cuajada y dorada.

i) Retirar del horno y dejar enfriar unos minutos.

j) Retire con cuidado la crema brûlée de los moldes o del plato y colóquela en platos para servir.

k) Adorne con hojas de perejil fresco picado y sirva frío o caliente.

65. Creme brûlée de ñame rojo

Rinde: 1 porciones

INGREDIENTES
- 1 Receta de salsa de caramelo
- 1 ñame grande
- Aceite vegetal
- ¾ taza de azúcar moreno envasada
- ½ cucharada de canela molida
- 1½ cucharadita de pimienta de Jamaica
- 1½ cucharadita de clavo molido
- 2 tazas Mitad y mitad
- 2 tazas de leche condensada casera
- 6 huevos grandes
- 6 yemas de huevo grandes
- 1½ cucharadita de extracto de vainilla
- 3 cucharadas de ron oscuro

INSTRUCCIONES

a) Prepare el caramelo y cubra un molde para pastel redondo de 9 pulgadas, reservando la salsa de caramelo adicional en el refrigerador como se indicó anteriormente.

b) Precalienta el horno a 400 grados. Frote el ñame con aceite vegetal, colóquelo en una bandeja para hornear y hornee de 45 minutos a 1 hora, hasta que un cuchillo perfore fácilmente la papa en su parte más gruesa.

c) Déjelo a un lado hasta que esté lo suficientemente frío como para manipularlo, luego pélelo y tritúrelo con un tenedor (el puré de papa debe medir aproximadamente 1 taza). Reduzca la temperatura del horno a 325 grados.

d) Prepare el caramelo y cubra un molde para pastel redondo de 9 pulgadas, reservando la salsa extra en el refrigerador como se indica. En un tazón grande combine todos los ingredientes restantes.

e) Mezclar bien. Pasar por un colador, presionando con una espátula, al molde para pasteles recubierto de caramelo. Coloca el pastel en ~ un baño de agua.

f) Hornee durante aproximadamente 1 hora y 10 minutos o hasta que el centro se sienta firme al presionarlo. Dejar enfriar al baño maría. Retirar del baño maría, cubrir con film transparente y refrigerar de 4 a 6 horas, o toda la noche.

g) Para servir, córtelo en gajos y cubra con salsa de caramelo fría.

BRÛLÉE DE NUEZ

66. Crème brulée de chocolate y almendras

INGREDIENTES:
- 1 taza de crema espesa
- 1 taza de leche entera
- 4 yemas de huevo
- ½ taza de azúcar granulada
- 2 onzas de chocolate agridulce, finamente picado
- ¼ de cucharadita de extracto de almendras
- Azúcar granulada, para caramelizar

INSTRUCCIONES:

a) Precalienta tu horno a 325°F (160°C).

b) En una cacerola, calienta la crema espesa, la leche entera y el extracto de almendras a fuego medio hasta que comience a hervir a fuego lento. Alejar del calor.

c) En un recipiente aparte, mezcle las yemas de huevo y el azúcar hasta que estén bien combinados.

d) Vierta lentamente la mezcla de crema caliente en la mezcla de yemas de huevo, batiendo continuamente.

e) Agrega el chocolate agridulce picado a la mezcla de natillas y revuelve hasta que el chocolate esté completamente derretido e incorporado.

f) Divida la mezcla entre moldes o platos aptos para horno.

g) Coloque los moldes en una fuente para horno y llénelo con agua caliente hasta que llegue a la mitad de los lados de los moldes.

h) Hornee durante unos 35 a 40 minutos, o hasta que la crema esté firme pero todavía ligeramente temblorosa en el centro.

i) Retire los moldes del baño María y déjelos enfriar a temperatura ambiente. Luego refrigere por al menos 2 horas o toda la noche.

j) Justo antes de servir, espolvorea una fina capa de azúcar granulada encima de cada natilla. Usa un soplete de cocina para caramelizar el azúcar hasta que se forme una corteza crujiente.

k) Sirve la crème brûlée de chocolate y almendras y disfruta de la deliciosa combinación de sabores de almendras y chocolate.

67. Brulée de queso y nueces

INGREDIENTES:
- 1 taza de crema espesa
- 1 taza de leche entera
- ½ taza de azúcar granulada
- 1 cucharadita de extracto de vainilla
- 4 yemas de huevo grandes
- ½ taza de queso de nuez rallado (como gruyere o suizo)
- 2 cucharadas de azúcar granulada (para caramelizar)

INSTRUCCIONES:

a) Precalienta tu horno a 300°F (150°C). Coloque cuatro moldes en una fuente para horno y reserve.

b) En una cacerola, combine la crema espesa, la leche entera, el azúcar granulada y el extracto de vainilla. Calienta a fuego medio-bajo, revolviendo ocasionalmente, hasta que hierva a fuego lento. Retire del fuego y agregue el queso de nuez rallado hasta que se derrita y quede suave.

c) En un recipiente aparte, bata las yemas de huevo hasta que adquieran un color pálido y un poco espesas.

d) Vierta lentamente la mezcla de nata caliente sobre las yemas de huevo, batiendo constantemente para evitar que se cuaje.

e) Divida la mezcla de natillas entre los cuatro moldes. Llene la fuente para hornear con agua caliente hasta la mitad de los lados de los moldes para crear un baño de agua.

f) Hornee durante 35 a 40 minutos o hasta que los bordes estén firmes pero el centro aún se mueva ligeramente.

g) Retire los moldes del baño María y déjelos enfriar a temperatura ambiente. Luego refrigere durante al menos 2 horas o hasta que esté frío y listo.

h) Justo antes de servir, espolvoree aproximadamente ½ cucharada de azúcar granulada uniformemente sobre cada crème brûlée. Utilice un soplete de cocina para caramelizar el azúcar hasta que se forme una costra dorada.

68. Crema brulée de avellanas

INGREDIENTES:
- 2 tazas de crema espesa
- ½ taza de azúcar granulada
- ½ taza de avellanas tostadas, finamente picadas
- 6 yemas de huevo grandes
- 1 cucharadita de extracto de vainilla
- Azúcar extra granulada para caramelizar

INSTRUCCIONES:

a) Precalienta tu horno a 325°F (160°C). Coloque seis moldes en una fuente para horno.

b) En una cacerola calienta la nata espesa y el azúcar granulada a fuego medio hasta que empiece a hervir a fuego lento. Retire del fuego y agregue las avellanas finamente picadas y el extracto de vainilla.

c) En un tazón, bata las yemas de huevo hasta que estén bien combinadas. Vierta lentamente la mezcla de crema sobre las yemas de huevo, batiendo constantemente.

d) Divida la mezcla uniformemente entre los moldes. Coloque la fuente para hornear con los moldes sobre la rejilla del horno y vierta con cuidado agua caliente en la fuente para hornear hasta llegar aproximadamente a la mitad de los lados de los moldes.

e) Hornee durante unos 35-40 minutos, o hasta que los bordes estén firmes pero los centros todavía se muevan ligeramente.

f) Retire los moldes del baño María y déjelos enfriar a temperatura ambiente. Luego refrigere durante al menos 2 horas o hasta que esté completamente frío.

g) Cuando esté listo para servir, espolvoree una fina capa de azúcar granulada sobre cada crème brûlée. Utilice un soplete de cocina para caramelizar el azúcar hasta que se forme una costra dorada. Deje que el azúcar se endurezca durante unos minutos antes de servir.

69. Crème brulée de pistacho

INGREDIENTES:
- 2 tazas de crema espesa
- ½ taza de azúcar granulada
- ½ taza de pistachos finamente molidos
- 6 yemas de huevo grandes
- 1 cucharadita de extracto de vainilla
- Azúcar extra granulada para caramelizar

INSTRUCCIONES:

a) Precalienta tu horno a 325°F (160°C). Coloque seis moldes en una fuente para horno.

b) En una cacerola calienta la nata espesa y el azúcar granulada a fuego medio hasta que empiece a hervir a fuego lento. Retire del fuego y agregue los pistachos finamente molidos y el extracto de vainilla.

c) En un tazón, bata las yemas de huevo hasta que estén bien combinadas. Vierta lentamente la mezcla de crema sobre las yemas de huevo, batiendo constantemente.

d) Divida la mezcla uniformemente entre los moldes. Coloque la fuente para hornear con los moldes sobre la rejilla del horno y vierta con cuidado agua caliente en la fuente para hornear hasta llegar aproximadamente a la mitad de los lados de los moldes.

e) Hornee durante unos 35-40 minutos, o hasta que los bordes estén firmes pero los centros todavía se muevan ligeramente.

f) Retire los moldes del baño María y déjelos enfriar a temperatura ambiente. Luego refrigere durante al menos 2 horas o hasta que esté completamente frío.

g) Cuando esté listo para servir, espolvoree una fina capa de azúcar granulada sobre cada crème brûlée. Utilice un soplete de cocina para caramelizar el azúcar hasta que se forme una costra dorada. Deje que el azúcar se endurezca durante unos minutos antes de servir.

70. Crema brulée de nueces

INGREDIENTES:
- 2 tazas de crema espesa
- ½ taza de azúcar granulada
- ½ taza de nueces finamente picadas
- 6 yemas de huevo grandes
- 1 cucharadita de extracto de vainilla
- Azúcar extra granulada para caramelizar

INSTRUCCIONES:

a) Precalienta tu horno a 325°F (160°C). Coloque seis moldes en una fuente para horno.

b) En una cacerola calienta la nata espesa y el azúcar granulada a fuego medio hasta que empiece a hervir a fuego lento. Retire del fuego y agregue las nueces finamente picadas y el extracto de vainilla.

c) En un tazón, bata las yemas de huevo hasta que estén bien combinadas. Vierta lentamente la mezcla de crema sobre las yemas de huevo, batiendo constantemente.

d) Divida la mezcla uniformemente entre los moldes. Coloque la fuente para hornear con los moldes sobre la rejilla del horno y vierta con cuidado agua caliente en la fuente para hornear hasta llegar aproximadamente a la mitad de los lados de los moldes.

e) Hornee durante unos 35-40 minutos, o hasta que los bordes estén firmes pero los centros todavía se muevan ligeramente.

f) Retire los moldes del baño María y déjelos enfriar a temperatura ambiente. Luego refrigere durante al menos 2 horas o hasta que esté completamente frío.

g) Cuando esté listo para servir, espolvoree una fina capa de azúcar granulada sobre cada crème brûlée. Utilice un soplete de cocina para caramelizar el azúcar hasta que se forme una costra dorada. Deje que el azúcar se endurezca durante unos minutos antes de servir.

71. Crema brulée de nueces pecanas

INGREDIENTES:
- 2 tazas de crema espesa
- ½ taza de azúcar granulada
- ½ taza de nueces pecanas finamente picadas
- 6 yemas de huevo grandes
- 1 cucharadita de extracto de vainilla
- Azúcar extra granulada para caramelizar

INSTRUCCIONES:

a) Precalienta tu horno a 325°F (160°C). Coloque seis moldes en una fuente para horno.

b) En una cacerola calienta la nata espesa y el azúcar granulada a fuego medio hasta que empiece a hervir a fuego lento. Retire del fuego y agregue las nueces finamente picadas y el extracto de vainilla.

c) En un tazón, bata las yemas de huevo hasta que estén bien combinadas. Vierta lentamente la mezcla de crema sobre las yemas de huevo, batiendo constantemente.

d) Divida la mezcla uniformemente entre los moldes. Coloque la fuente para hornear con los moldes sobre la rejilla del horno y vierta con cuidado agua caliente en la fuente para hornear hasta llegar aproximadamente a la mitad de los lados de los moldes.

e) Hornee durante unos 35-40 minutos, o hasta que los bordes estén firmes pero los centros todavía se muevan ligeramente.

f) Retire los moldes del baño María y déjelos enfriar a temperatura ambiente. Luego refrigere durante al menos 2 horas o hasta que esté completamente frío.

g) Cuando esté listo para servir, espolvoree una fina capa de azúcar granulada sobre cada crème brûlée. Utilice un soplete de cocina para caramelizar el azúcar hasta que se forme una costra dorada. Deje que el azúcar se endurezca durante unos minutos antes de servir.

72. Crema brulée de pistacho

INGREDIENTES
- ½ taza de azúcar
- ¾ taza de pistachos sin cáscara
- 4 huevos grandes
- 1 lata (14 onzas) de leche condensada azucarada
- 1 lata (12 onzas) de leche evaporada
- 1 cucharadita de extracto de vainilla

INSTRUCCIONES

a) Precalienta el horno a 350°F. En una cacerola pequeña, cocine el azúcar a fuego medio-alto hasta que se derrita y se dore. Vierta en un molde para pasteles redondo de 9 pulgadas, inclinándolo para cubrir el fondo de manera uniforme.

b) Espolvoree los pistachos sobre el caramelo. En un tazón grande, mezcle los huevos, la leche condensada, la leche evaporada y el extracto de vainilla. Vierta la mezcla sobre el caramelo y los pistachos.

c) Coloque el molde para pasteles en un molde para hornear más grande y llénelo con agua caliente hasta una profundidad de 1 pulgada.

d) Hornee durante 50-60 minutos o hasta que al insertar un cuchillo en el centro, éste salga limpio. Retirar del horno y dejar enfriar. Enfríe durante al menos 2 horas antes de servir.

73. Crema brulée de nueces pecanas

INGREDIENTES
- ½ taza de azúcar
- ¾ taza de nueces pecanas picadas
- 4 huevos grandes
- 1 lata (14 onzas) de leche condensada azucarada
- 1 lata (12 onzas) de leche evaporada
- 1 cucharadita de extracto de vainilla

INSTRUCCIONES

a) Precalienta el horno a 350°F.

b) En una cacerola pequeña, cocine el azúcar a fuego medio-alto hasta que se derrita y se dore. Vierta en un molde para pasteles redondo de 9 pulgadas, inclinándolo para cubrir el fondo de manera uniforme. Espolvorea nueces sobre el caramelo. En un tazón grande, mezcle los huevos, la leche condensada, la leche evaporada y el extracto de vainilla.

c) Vierta la mezcla sobre el caramelo y las nueces. Coloque el molde para pasteles en un molde para hornear más grande y llénelo con agua caliente hasta una profundidad de 1 pulgada.

d) Hornee durante 50-60 minutos o hasta que al insertar un cuchillo en el centro, éste salga limpio.

e) Retirar del horno y dejar enfriar. Enfríe durante al menos 2 horas antes de servir.

74. Crema brulée de anacardos

INGREDIENTES
- 1 taza de azúcar
- ½ taza de anacardos picados
- 4 huevos grandes
- 1 lata (14 onzas) de leche condensada azucarada
- 1 lata (12 onzas) de leche evaporada
- 1 cucharadita de extracto de vainilla

INSTRUCCIONES

a) Precalienta el horno a 350°F.

b) En una cacerola pequeña, cocine el azúcar a fuego medio-alto hasta que se derrita y se dore.

c) Vierta en un molde para pasteles redondo de 9 pulgadas, inclinándolo para cubrir el fondo de manera uniforme.

d) Espolvoree anacardos sobre el caramelo. En un tazón grande, mezcle los huevos, la leche condensada, la leche evaporada y el extracto de vainilla.

e) Vierta la mezcla sobre el caramelo y los anacardos.

f) Coloque el molde para pasteles en un molde para hornear más grande y llénelo con agua caliente hasta una profundidad de 1 pulgada. Hornee durante 50-60 minutos o hasta que al insertar un cuchillo en el centro, éste salga limpio.

g) Retirar del horno y dejar enfriar. Enfríe durante al menos 2 horas antes de servir.

75. Crema brulée de nueces de Brasil

INGREDIENTES
- ½ taza de azúcar
- ¾ taza de nueces de Brasil picadas
- 4 huevos grandes
- 1 lata (14 onzas) de leche condensada azucarada
- 1 lata (12 onzas) de leche evaporada
- 1 cucharadita de extracto de vainilla

INSTRUCCIONES

a) Precalienta el horno a 350°F.

b) En una cacerola pequeña, cocine el azúcar a fuego medio-alto hasta que se derrita y se dore.

c) Vierta en un molde para pasteles redondo de 9 pulgadas, inclinándolo para cubrir el fondo de manera uniforme.

d) Espolvoree nueces de Brasil sobre el caramelo. En un tazón grande, mezcle los huevos, la leche condensada, la leche evaporada y el extracto de vainilla.

e) Vierta la mezcla sobre el caramelo y las nueces. Coloque el molde para pasteles en un molde para hornear más grande y llénelo con agua caliente hasta una profundidad de 1 pulgada.

f) Hornee durante 50-60 minutos o hasta que al insertar un cuchillo en el centro, éste salga limpio. Retirar del horno y dejar enfriar.

g) Enfríe durante al menos 2 horas antes de servir.

76. Crema brulée de almendras

INGREDIENTES

- 1 taza de azúcar
- 4 huevos
- 2 tazas de leche entera
- ½ taza de crema espesa
- 1 cucharadita de extracto de vainilla
- ½ taza de harina de almendras
- ¼ taza de almendras rebanadas

INSTRUCCIONES

a) Precalienta el horno a 350°F.

b) En una cacerola pequeña, derrita el azúcar a fuego medio hasta que se convierta en un caramelo dorado.

c) Vierta el caramelo en un molde para pasteles redondo de 9 pulgadas, girando el molde para cubrir el fondo y los lados.

d) En un tazón grande, mezcle los huevos, la leche, la crema, el extracto de vainilla y la harina de almendras hasta que quede suave.

e) Vierta la mezcla de huevo en el molde para pasteles y coloque el molde en una fuente para hornear más grande llena de agua caliente, creando un baño de agua.

f) Espolvoree almendras rebanadas sobre la crema brûlée.

g) Hornee durante 50 a 60 minutos, o hasta que la crema brûlée esté firme pero aún se mueva ligeramente en el centro.

h) Retire la sartén del baño maría y déjela enfriar a temperatura ambiente.

i) Cubra y enfríe en el refrigerador durante al menos 2 horas o toda la noche.

j) Para servir, pase un cuchillo por el borde de la sartén e invierta la crema brûlée en una fuente para servir.

77. Crème brulée de almendras

INGREDIENTES
- 1¼ tazas de leche entera
- 4 huevos grandes
- 3 paquetes de edulcorante aspartamo o al gusto
- 1 cucharada de azúcar
- 1 cucharadita de extracto de vainilla
- 1 cucharadita de extracto de almendras (opcional)
- ¼ de taza de almendras fileteadas
- ½ taza de frutos rojos de tu elección para decorar (opcional)

INSTRUCCIONES

a) Coloque una fuente para hornear llena con 1 pulgada de agua en el horno y precaliente a 325 °F. Unte con mantequilla 4 moldes o moldes de cristal para natillas.

b) Caliente la leche en un recipiente apto para microondas de 1 cuarto de galón durante 2 minutos a temperatura alta (100 por ciento de potencia). Alternativamente, caliente en la estufa en una cacerola mediana hasta que hierva.

c) Mientras tanto, en otro bol, mezcle los huevos, el edulcorante, el azúcar, la vainilla y el extracto de almendras, si lo usa. Vierta la leche caliente en la mezcla de huevo y revuelva para mezclar.

d) Tuesta las almendras calentándolas en una sartén pequeña y seca hasta que comiencen a dorarse, aproximadamente 1 minuto. Divida las almendras entre los 4 moldes y luego rellénelas con la crema pastelera. Cubrir con papel de aluminio.

e) Coloca los moldes al baño maría. Hornee hasta que las natillas estén cuajadas, aproximadamente 20 minutos. Para probar, inserte un cuchillo en el medio; debería salir limpio.

f) Servir a temperatura ambiente o frío. Para servir, pase un cuchillo por el borde del molde y luego coloque la crema brûlée en un plato de postre. Si lo deseas, agrega ½ taza de frutos rojos de tu elección.

BRÛLÉE DE HIERBAS Y ESPECIAS

78. Creme Brûlée de limón y laurel

INGREDIENTES:
- 1 taza de crema espesa
- 1 taza de leche entera
- 4 yemas de huevo
- ½ taza de azúcar granulada
- Ralladura de 2 limones
- 1 hoja de laurel
- Azúcar granulada, para caramelizar

INSTRUCCIONES:
a) Precalienta tu horno a 325°F (160°C).
b) En un cazo calienta la nata, la leche, la ralladura de limón y la hoja de laurel a fuego medio hasta que empiece a hervir a fuego lento. Retirar del fuego y dejar infusionar la hoja de laurel durante unos 10 minutos.
c) Retire la hoja de laurel de la mezcla de crema y deséchela.
d) En un recipiente aparte, mezcle las yemas de huevo y el azúcar hasta que estén bien combinados.
e) Vierta lentamente la mezcla de crema infundida en la mezcla de yemas de huevo, batiendo continuamente.
f) Divida la mezcla entre moldes o platos aptos para horno.
g) Coloque los moldes en una fuente para horno y llénelo con agua caliente hasta que llegue a la mitad de los lados de los moldes.
h) Hornee durante unos 35 a 40 minutos, o hasta que la crema esté firme pero todavía ligeramente temblorosa en el centro.
i) Retire los moldes del baño María y déjelos enfriar a temperatura ambiente. Luego refrigere por al menos 2 horas o toda la noche.
j) Justo antes de servir, espolvorea una fina capa de azúcar granulada encima de cada natilla. Usa un soplete de cocina para caramelizar el azúcar hasta que se forme una corteza crujiente.
k) Deje que el azúcar se endurezca durante unos minutos, luego sirva y disfrute.

79. Crema brulée de cardamomo

INGREDIENTES:
- 2 tazas de crema espesa
- ½ taza de azúcar granulada
- 1 cucharadita de cardamomo molido
- 6 yemas de huevo grandes
- ½ cucharadita de extracto de vainilla
- Azúcar extra granulada para caramelizar

INSTRUCCIONES:
a) Precalienta tu horno a 325°F (160°C). Coloque seis moldes en una fuente para horno.

b) En una cacerola calienta la nata espesa y el azúcar granulada a fuego medio hasta que empiece a hervir a fuego lento. Retire del fuego y agregue el cardamomo molido y el extracto de vainilla.

c) En un tazón, bata las yemas de huevo hasta que estén bien combinadas. Vierta lentamente la mezcla de crema sobre las yemas de huevo, batiendo constantemente.

d) Divida la mezcla uniformemente entre los moldes. Coloque la fuente para hornear con los moldes sobre la rejilla del horno y vierta con cuidado agua caliente en la fuente para hornear hasta llegar aproximadamente a la mitad de los lados de los moldes.

e) Hornee durante unos 35-40 minutos, o hasta que los bordes estén firmes pero los centros todavía se muevan ligeramente.

f) Retire los moldes del baño María y déjelos enfriar a temperatura ambiente. Luego refrigere durante al menos 2 horas o hasta que esté completamente frío.

g) Cuando esté listo para servir, espolvoree una fina capa de azúcar granulada sobre cada crème brûlée. Utilice un soplete de cocina para caramelizar el azúcar hasta que se forme una costra dorada. Deje que el azúcar se endurezca durante unos minutos antes de servir.

80. Crema brulée de jengibre

INGREDIENTES:
- 2 tazas de crema espesa
- ½ taza de azúcar granulada
- 1 cucharada de jengibre recién rallado
- 6 yemas de huevo grandes
- ½ cucharadita de extracto de vainilla
- Azúcar extra granulada para caramelizar

INSTRUCCIONES:

a) Precalienta tu horno a 325°F (160°C). Coloque seis moldes en una fuente para horno.

b) En una cacerola calienta la nata espesa y el azúcar granulada a fuego medio hasta que empiece a hervir a fuego lento. Retire del fuego y agregue el jengibre recién rallado y el extracto de vainilla.

c) En un tazón, bata las yemas de huevo hasta que estén bien combinadas. Vierta lentamente la mezcla de crema sobre las yemas de huevo, batiendo constantemente.

d) Divida la mezcla uniformemente entre los moldes. Coloque la fuente para hornear con los moldes sobre la rejilla del horno y vierta con cuidado agua caliente en la fuente para hornear hasta llegar aproximadamente a la mitad de los lados de los moldes.

e) Hornee durante unos 35-40 minutos, o hasta que los bordes estén firmes pero los centros todavía se muevan ligeramente.

f) Retire los moldes del baño María y déjelos enfriar a temperatura ambiente. Luego refrigere durante al menos 2 horas o hasta que esté completamente frío.

g) Cuando esté listo para servir, espolvoree una fina capa de azúcar granulada sobre cada crème brûlée. Utilice un soplete de cocina para caramelizar el azúcar hasta que se forme una costra dorada. Deje que el azúcar se endurezca durante unos minutos antes de servir.

81. Crème Brulée de menta

INGREDIENTES:
- 2 tazas de crema espesa
- ½ taza de azúcar granulada
- ¼ de taza de hojas de menta fresca, picadas
- 6 yemas de huevo grandes
- ½ cucharadita de extracto de vainilla
- Azúcar extra granulada para caramelizar

INSTRUCCIONES:

a) Precalienta tu horno a 325°F (160°C). Coloque seis moldes en una fuente para horno.

b) En una cacerola calienta la nata espesa y el azúcar granulada a fuego medio hasta que empiece a hervir a fuego lento. Retire del fuego y agregue las hojas de menta fresca y el extracto de vainilla.

c) En un tazón, bata las yemas de huevo hasta que estén bien combinadas. Vierta lentamente la mezcla de crema sobre las yemas de huevo, batiendo constantemente.

d) Divida la mezcla uniformemente entre los moldes. Coloque la fuente para hornear con los moldes sobre la rejilla del horno y vierta con cuidado agua caliente en la fuente para hornear hasta llegar aproximadamente a la mitad de los lados de los moldes.

e) Hornee durante unos 35-40 minutos, o hasta que los bordes estén firmes pero los centros todavía se muevan ligeramente.

f) Retire los moldes del baño María y déjelos enfriar a temperatura ambiente. Luego refrigere durante al menos 2 horas o hasta que esté completamente frío.

g) Cuando esté listo para servir, espolvoree una fina capa de azúcar granulada sobre cada crème brûlée. Utilice un soplete de cocina para caramelizar el azúcar hasta que se forme una costra dorada. Deje que el azúcar se endurezca durante unos minutos antes de servir.

82. Crema brulée de cardamomo

INGREDIENTES
- 1 taza de azúcar granulada
- 6 huevos grandes
- 1 lata (14 onzas) de leche condensada azucarada
- 2 tazas de leche entera
- 1 cucharadita de extracto de vainilla
- 1 cucharadita de cardamomo molido

INSTRUCCIONES

a) Precalienta tu horno a 350°F.

b) Calienta el azúcar en una cacerola pequeña a fuego medio, revolviendo constantemente hasta que se derrita y se dore.

c) Vierta el caramelo en un molde para pasteles redondo de 9 pulgadas y gírelo para cubrir el fondo y los lados del molde.

d) En un tazón grande, mezcle los huevos, la leche condensada, la leche entera, el extracto de vainilla y el cardamomo molido hasta que estén bien combinados.

e) Vierta la mezcla en el molde preparado.

f) Coloque la fuente en una fuente para hornear grande y vierta suficiente agua caliente en la fuente para hornear hasta la mitad de los lados del molde para pasteles.

g) Hornee durante unos 50-55 minutos, o hasta que la crema brûlée esté firme pero aún se mueva en el centro.

h) Retire el molde para pasteles del baño maría y déjelo enfriar a temperatura ambiente.

i) Una vez que se haya enfriado, invierta la crema brûlée en una fuente para servir y decore con una pizca de cardamomo molido.

83. Crema brulée de jengibre

INGREDIENTES
- 1 taza de azúcar granulada
- 6 huevos grandes
- 1 lata (14 onzas) de leche condensada azucarada
- 2 tazas de leche entera
- 1 cucharadita de extracto de vainilla
- 1 cucharadita de jengibre molido

INSTRUCCIONES
a) Precalienta tu horno a 350°F.
b) Calienta el azúcar en una cacerola pequeña a fuego medio, revolviendo constantemente hasta que se derrita y se dore.
c) Vierta el caramelo en un molde para pasteles redondo de 9 pulgadas y gírelo para cubrir el fondo y los lados del molde.
d) En un tazón grande, mezcle los huevos, la leche condensada, la leche entera, el extracto de vainilla y el jengibre molido hasta que estén bien combinados.
e) Vierta la mezcla en el molde preparado.
f) Coloque la fuente en una fuente para hornear grande y vierta suficiente agua caliente en la fuente para hornear hasta la mitad de los lados del molde para pasteles.
g) Hornee durante unos 50-55 minutos, o hasta que la crema brûlée esté firme pero aún se mueva en el centro.
h) Retire el molde para pasteles del baño maría y déjelo enfriar a temperatura ambiente.
i) Una vez que se haya enfriado, invierte la crema brûlée en una fuente para servir y decora con una pizca de jengibre molido.

84. Creme brulée de horchata picante

INGREDIENTES
- ¾ taza de azúcar granulada
- Sal kosher
- ½ cucharadita de canela molida
- ⅛ cucharadita de cayena (o más, dependiendo de cuánto picante te guste)
- 10 yemas de huevo orgánicas de Pete y Gerry
- 6 onzas de concentrado de horchata
- 2 latas (12 onzas) de leche evaporada

INSTRUCCIONES

a)   Calienta el horno a 350°F. Combine 3 cucharadas de agua, azúcar y una pizca de sal en una cacerola pequeña a fuego medio-alto. Sin revolver, derrita el azúcar hasta que se disuelva por completo, aproximadamente 5 minutos. Una vez que el azúcar se derrita, baje el fuego a medio-bajo y continúe cocinando hasta que tenga un color ámbar intenso, moviendo suavemente la sartén de vez en cuando, de 15 a 18 minutos. Ajuste el fuego a bajo, si es necesario.

b)   Tan pronto como el caramelo alcance un color ámbar intenso, baje el fuego, agregue la canela molida y la cayena y gire la sartén vigorosamente para combinar. Luego, vierta inmediatamente el caramelo en un molde para pasteles de 8 pulgadas o divídalo en partes iguales entre los moldes. Deja que el caramelo se enfríe por completo.

c)   Mientras se enfría el caramelo, en un tazón grande, combine las yemas de huevo, el concentrado de horchata y la leche evaporada. Batir muy suavemente con movimientos circulares. Cuanto más fuerte batas, más burbujas se formarán en la crema, dejando burbujas en el producto terminado.

d)   Vierta suavemente la mezcla a través de un colador de malla en una taza medidora. Deberías tener unas 4 tazas de mezcla. Deje que la mezcla repose para que se asienten las burbujas que se formaron. Vierta la mezcla en el molde para pasteles o divida la mezcla uniformemente en moldes.

e)   Coloque la fuente para creme brûlée dentro de una fuente para asar, luego coloque la fuente para asar en el horno. Agregue agua hirviendo a la fuente para asar de modo que rodee la fuente de crema brûlée con aproximadamente 1 pulgada de agua. Hornee la crema brûlée hasta que esté firme en los bordes y aún temblorosa en el centro, de 40 a 45 minutos.

f) Retire el molde de crema brûlée del baño maría y déjelo enfriar hasta temperatura ambiente. Transfiera al refrigerador y déjelo reposar, aproximadamente 4 horas. Cuando esté listo para servir, retire la crema brûlée del refrigerador y déjela reposar durante 10 minutos. Pasa un cuchillo por los bordes y coloca una fuente para servir boca abajo sobre la parte superior. Invierta la crema brûlée en un plato, raspando el caramelo suelto.

85. Crema brulée de pimienta de Jamaica

INGREDIENTES
- 1 taza de azúcar granulada
- 6 huevos grandes
- 1 lata (14 onzas) de leche condensada azucarada
- 2 tazas de leche entera
- 1 cucharadita de extracto de vainilla
- 1 cucharadita de pimienta de Jamaica molida

INSTRUCCIONES

a) Precalienta tu horno a 350°F.

b) Calienta el azúcar en una cacerola pequeña a fuego medio, revolviendo constantemente hasta que se derrita y se dore.

c) Vierta el caramelo en un molde para pasteles redondo de 9 pulgadas y gírelo para cubrir el fondo y los lados del molde.

d) En un tazón grande, mezcle los huevos, la leche condensada, la leche entera, el extracto de vainilla y la pimienta de Jamaica molida hasta que estén bien combinados.

e) Vierta la mezcla en el molde preparado.

f) Coloque la fuente en una fuente para hornear grande y vierta suficiente agua caliente en la fuente para hornear hasta la mitad de los lados del molde para pasteles.

g) Hornee durante unos 50-55 minutos, o hasta que la crema brûlée esté firme pero aún se mueva en el centro.

h) Retire el molde para pasteles del baño maría y déjelo enfriar a temperatura ambiente.

i) Una vez que se haya enfriado, invierta la crema brûlée en una fuente para servir y decore con una pizca de pimienta de Jamaica molida.

86. Crema brulée de calabaza y especias

INGREDIENTES
- 1 taza de azúcar
- 1 lata de puré de calabaza (15 onzas)
- 1 lata de leche evaporada (12 onzas)
- 1 lata de leche condensada azucarada (14 onzas)
- 6 huevos
- 1 cucharadita de especias para pastel de calabaza
- ½ cucharadita de extracto de vainilla
- ½ cucharadita de sal

INSTRUCCIONES

a) Precalienta el horno a 350°F.

b) En una cacerola mediana, calienta el azúcar a fuego medio, revolviendo constantemente hasta que se derrita y se dore.

c) Vierta el azúcar derretida en un molde de crema brûlée de 9 pulgadas, girando para cubrir el fondo y los lados del molde.

d) En una licuadora, combine el puré de calabaza, la leche evaporada, la leche condensada, los huevos, las especias para pastel de calabaza, el extracto de vainilla y la sal. Mezclar hasta que esté suave.

e) Vierte la mezcla en el molde de crème brûlée y colócala en una fuente para horno grande. Llene el plato con suficiente agua caliente para llegar hasta la mitad de los lados del molde.

f) Hornee durante 1 hora o hasta que la crema brûlée esté cuajada y dorada por encima.

g) Retirar del horno y dejar enfriar a temperatura ambiente antes de refrigerar durante al menos 2 horas o toda la noche.

h) Para servir, pase un cuchillo por los bordes del molde e inviértalo en una fuente para servir.

87. Crema brulée especiada de Chai

INGREDIENTES

- 1 taza de azúcar
- 1 ½ tazas de crema espesa
- ½ taza de leche entera
- 6 yemas de huevo grandes
- ¼ cucharadita de sal
- 2 bolsitas de té chai
- 1 rama de canela
- ½ cucharadita de jengibre molido
- ¼ cucharadita de clavo molido

INSTRUCCIONES

a) Precalienta el horno a 325°F.

b) En una cacerola mediana, calienta el azúcar a fuego medio, revolviendo constantemente hasta que se derrita y se dore.

c) Vierta el azúcar derretida en un molde de crema brûlée de 9 pulgadas, girando para cubrir el fondo y los lados del molde.

d) En una cacerola pequeña, caliente la crema espesa, la leche entera, las bolsitas de té chai, la rama de canela, el jengibre, el clavo y la sal a fuego medio, revolviendo constantemente hasta que hierva a fuego lento.

e) Retirar del fuego y dejar reposar durante 10 minutos.

f) En un recipiente aparte, mezcle las yemas de huevo.

g) Retire las bolsitas de té y la ramita de canela de la mezcla de crema y vierta la mezcla a través de un colador de malla fina sobre las yemas de huevo, batiendo constantemente.

h) Vierte la mezcla en el molde de crème brûlée.

i) Coloque el molde en una fuente para hornear grande y llénela con suficiente agua caliente para llegar hasta la mitad de los lados del molde.

j) Hornee durante 50 a 60 minutos o hasta que la crema brûlée esté firme y se mueva ligeramente al agitarla.

k) Retirar del horno y dejar enfriar a temperatura ambiente antes de refrigerar durante al menos 2 horas o toda la noche.

l) Para servir, pase un cuchillo por los bordes del molde e inviértalo en una fuente para servir.

88. Crema brulée de romero

INGREDIENTES:
- 2 tazas de crema espesa
- ½ taza de azúcar granulada
- 1 cucharada de hojas frescas de romero, picadas
- 6 yemas de huevo grandes
- ½ cucharadita de extracto de vainilla
- Azúcar extra granulada para caramelizar

INSTRUCCIONES:

a) Precalienta tu horno a 325°F (160°C). Coloque seis moldes en una fuente para horno.

b) En una cacerola calienta la nata espesa y el azúcar granulada a fuego medio hasta que empiece a hervir a fuego lento. Retire del fuego y agregue las hojas frescas de romero y el extracto de vainilla.

c) En un tazón, bata las yemas de huevo hasta que estén bien combinadas. Vierta lentamente la mezcla de crema sobre las yemas de huevo, batiendo constantemente.

d) Divida la mezcla uniformemente entre los moldes. Coloque la fuente para hornear con los moldes sobre la rejilla del horno y vierta con cuidado agua caliente en la fuente para hornear hasta llegar aproximadamente a la mitad de los lados de los moldes.

e) Hornee durante unos 35-40 minutos, o hasta que los bordes estén firmes pero los centros todavía se muevan ligeramente.

f) Retire los moldes del baño María y déjelos enfriar a temperatura ambiente. Luego refrigere durante al menos 2 horas o hasta que esté completamente frío.

g) Cuando esté listo para servir, espolvoree una fina capa de azúcar granulada sobre cada crème brûlée. Utilice un soplete de cocina para caramelizar el azúcar hasta que se forme una costra dorada. Deje que el azúcar se endurezca durante unos minutos antes de servir.

89. Crema brulée de anís estrellado

INGREDIENTES:
- 2 tazas de crema espesa
- ½ taza de azúcar granulada
- 2-3 vainas de anís estrellado
- 6 yemas de huevo grandes
- ½ cucharadita de extracto de vainilla
- Azúcar extra granulada para caramelizar

INSTRUCCIONES:

a) Precalienta tu horno a 325°F (160°C). Coloque seis moldes en una fuente para horno.

b) En una cacerola calienta la nata espesa y el azúcar granulada a fuego medio hasta que empiece a hervir a fuego lento. Retirar del fuego y añadir las vainas de anís estrellado. Déjelo reposar durante unos 15 minutos.

c) Después del remojo, retire las vainas de anís estrellado de la mezcla de crema.

d) En un tazón, bata las yemas de huevo hasta que estén bien combinadas. Vierta lentamente la mezcla de crema sobre las yemas de huevo, batiendo constantemente.

e) Divida la mezcla uniformemente entre los moldes. Coloque la fuente para hornear con los moldes sobre la rejilla del horno y vierta con cuidado agua caliente en la fuente para hornear hasta llegar aproximadamente a la mitad de los lados de los moldes.

f) Hornee durante unos 35-40 minutos, o hasta que los bordes estén firmes pero los centros todavía se muevan ligeramente.

g) Retire los moldes del baño María y déjelos enfriar a temperatura ambiente. Luego refrigere durante al menos 2 horas o hasta que esté completamente frío.

h) Cuando esté listo para servir, espolvoree una fina capa de azúcar granulada sobre cada crème brûlée. Utilice un soplete de cocina para caramelizar el azúcar hasta que se forme una costra dorada. Deje que el azúcar se endurezca durante unos minutos antes de servir.

90. Crema brulée de canela

INGREDIENTES:
- 2 tazas de crema espesa
- ½ taza de azúcar granulada
- 1 cucharadita de canela molida
- 6 yemas de huevo grandes
- ½ cucharadita de extracto de vainilla
- Azúcar extra granulada para caramelizar

INSTRUCCIONES:

a) Precalienta tu horno a 325°F (160°C). Coloque seis moldes en una fuente para horno.

b) En una cacerola calienta la nata espesa y el azúcar granulada a fuego medio hasta que empiece a hervir a fuego lento. Retire del fuego y agregue la canela molida y el extracto de vainilla.

c) En un tazón, bata las yemas de huevo hasta que estén bien combinadas. Vierta lentamente la mezcla de crema sobre las yemas de huevo, batiendo constantemente.

d) Divida la mezcla uniformemente entre los moldes. Coloque la fuente para hornear con los moldes sobre la rejilla del horno y vierta con cuidado agua caliente en la fuente para hornear hasta llegar aproximadamente a la mitad de los lados de los moldes.

e) Hornee durante unos 35-40 minutos, o hasta que los bordes estén firmes pero los centros todavía se muevan ligeramente.

f) Retire los moldes del baño María y déjelos enfriar a temperatura ambiente. Luego refrigere durante al menos 2 horas o hasta que esté completamente frío.

g) Cuando esté listo para servir, espolvoree una fina capa de azúcar granulada sobre cada crème brûlée. Utilice un soplete de cocina para caramelizar el azúcar hasta que se forme una costra dorada. Deje que el azúcar se endurezca durante unos minutos antes de servir.

91. Crema Brulée de Matcha

INGREDIENTES
- 1 taza de azúcar
- 4 huevos
- 2 tazas de leche entera
- ½ taza de crema espesa
- 1 cucharadita de extracto de vainilla
- 2 cucharadas de matcha en polvo

INSTRUCCIONES

a) Precalienta el horno a 350°F.

b) En una cacerola pequeña, derrita el azúcar a fuego medio hasta que se convierta en un caramelo dorado.

c) Vierta el caramelo en un molde para pasteles redondo de 9 pulgadas, girando el molde para cubrir el fondo y los lados.

d) En un tazón grande, mezcle los huevos, la leche, la crema, el extracto de vainilla y el matcha en polvo hasta que quede suave.

e) Vierta la mezcla de huevo en el molde para pasteles y coloque el molde en una fuente para hornear más grande llena de agua caliente, creando un baño de agua.

f) Hornee durante 50 a 60 minutos, o hasta que la crema brûlée esté firme pero aún se mueva ligeramente en el centro.

g) Retire la sartén del baño maría y déjela enfriar a temperatura ambiente.

h) Cubra y enfríe en el refrigerador durante al menos 2 horas o toda la noche.

i) Para servir, pase un cuchillo por el borde de la sartén e invierta la crema brûlée en una fuente para servir.

92. Crema brûlée de chocomint

INGREDIENTES

- 1 taza de crema espesa
- 1 taza de leche entera
- ½ taza de azúcar
- 4 huevos
- 1 cucharadita de extracto de vainilla
- ¼ de cucharadita de extracto de menta
- ½ taza de chispas de chocolate
- Hojas de menta fresca (opcional)

INSTRUCCIONES

a) Precalienta el horno a 350°F (175°C).

b) En una cacerola mediana, calienta la nata, la leche y el azúcar a fuego medio hasta que el azúcar se disuelva.

c) Agrega las chispas de chocolate a la mezcla de crema y revuelve hasta que el chocolate se derrita y esté bien combinado.

d) En un recipiente aparte, bata los huevos.

e) Vierte lentamente la mezcla de chocolate en la mezcla de huevo, batiendo constantemente.

f) Agregue el extracto de vainilla y el extracto de menta.

g) Vierta la mezcla en una fuente para horno de 23 cm (9 pulgadas).

h) Coloque la fuente para hornear en una fuente para hornear más grande o en una fuente para asar y llene la fuente más grande con suficiente agua caliente para llegar hasta la mitad de los lados de la fuente más pequeña.

i) Hornee durante 45 a 50 minutos, o hasta que los bordes estén firmes pero el centro aún se mueva ligeramente.

j) Retirar del horno y dejar enfriar a temperatura ambiente.

k) Enfriar en el frigorífico durante al menos 2 horas antes de servir.

l) Adorne con hojas de menta fresca, si lo desea.

93. Crema brulée de romero

INGREDIENTES
- 1 taza de crema espesa
- 1 taza de leche entera
- ½ taza de azúcar
- 4 huevos
- 1 cucharada de romero fresco picado
- Ramitas de romero (opcional)

INSTRUCCIONES

a) Precalienta el horno a 350°F (175°C).

b) En una cacerola mediana, calienta la nata, la leche y el azúcar a fuego medio hasta que el azúcar se disuelva.

c) Agrega el romero picado a la mezcla de crema y deja reposar durante 10 minutos.

d) Colar la mezcla a través de un colador de malla fina.

e) En un recipiente aparte, bata los huevos.

f) Vierta lentamente la mezcla de crema con infusión de romero en la mezcla de huevo, batiendo constantemente.

g) Vierta la mezcla en una fuente para horno de 23 cm (9 pulgadas).

h) Coloque la fuente para hornear en una fuente para hornear más grande o en una fuente para asar y llene la fuente más grande con suficiente agua caliente para llegar hasta la mitad de los lados de la fuente más pequeña.

i) Hornee durante 45 a 50 minutos, o hasta que los bordes estén firmes pero el centro aún se mueva ligeramente.

j) Retirar del horno y dejar enfriar a temperatura ambiente.

k) Enfriar en el frigorífico durante al menos 2 horas antes de servir.

l) Adorne con ramitas de romero, si lo desea.

94. Crema brulée de menta

INGREDIENTES

- 1 taza de crema espesa
- 1 taza de leche entera
- ½ taza de azúcar
- 4 huevos
- ¼ de taza de menta fresca picada
- Hojas de menta fresca (opcional)

INSTRUCCIONES

a) Precalienta el horno a 350°F (175°C).

b) En una cacerola mediana, calienta la nata, la leche y el azúcar a fuego medio hasta que el azúcar se disuelva.

c) Agrega la menta picada a la mezcla de crema y deja reposar durante 10 minutos.

d) Colar la mezcla a través de un colador de malla fina.

e) En un recipiente aparte, bata los huevos.

f) Vierta lentamente la mezcla de crema con infusión de menta en la mezcla de huevo, batiendo constantemente.

g) Vierta la mezcla en una fuente para horno de 23 cm (9 pulgadas).

h) Coloque la fuente para hornear en una fuente para hornear más grande o en una fuente para asar y llene la fuente más grande con suficiente agua caliente para llegar hasta la mitad de los lados de la fuente más pequeña.

i) Hornee durante 45 a 50 minutos, o hasta que los bordes estén firmes pero el centro aún se mueva ligeramente.

j) Retirar del horno y dejar enfriar a temperatura ambiente.

k) Enfriar en el frigorífico durante al menos 2 horas antes de servir.

l) Adorne con hojas de menta fresca, si lo desea.

95. Crema brulée de salvia

INGREDIENTES
- 1 taza de crema espesa
- 1 taza de leche entera
- ½ taza de azúcar
- 4 huevos
- 1 cucharada de salvia fresca picada
- Hojas frescas de salvia (opcional)

INSTRUCCIONES

a) Precalienta el horno a 350°F (175°C).

b) En una cacerola mediana, calienta la nata, la leche y el azúcar a fuego medio hasta que el azúcar se disuelva.

c) Agrega la salvia picada a la mezcla de crema y deja reposar durante 10 minutos.

d) Colar la mezcla a través de un colador de malla fina.

e) En un recipiente aparte, bata los huevos.

f) Vierta lentamente la mezcla de crema con salvia en la mezcla de huevo, batiendo constantemente.

g) Vierta la mezcla en una fuente para horno de 23 cm (9 pulgadas).

h) Coloque la fuente para hornear en una fuente para hornear más grande o en una fuente para asar y llene la fuente más grande con suficiente agua caliente para llegar hasta la mitad de los lados de la fuente más pequeña.

i) Hornee durante 45 a 50 minutos, o hasta que los bordes estén firmes pero el centro aún se mueva ligeramente.

j) Retirar del horno y dejar enfriar a temperatura ambiente.

k) Enfriar en el frigorífico durante al menos 2 horas antes de servir.

l) Adorne con hojas frescas de salvia, si lo desea.

96. Creme brulée de azafrán y cardamomo

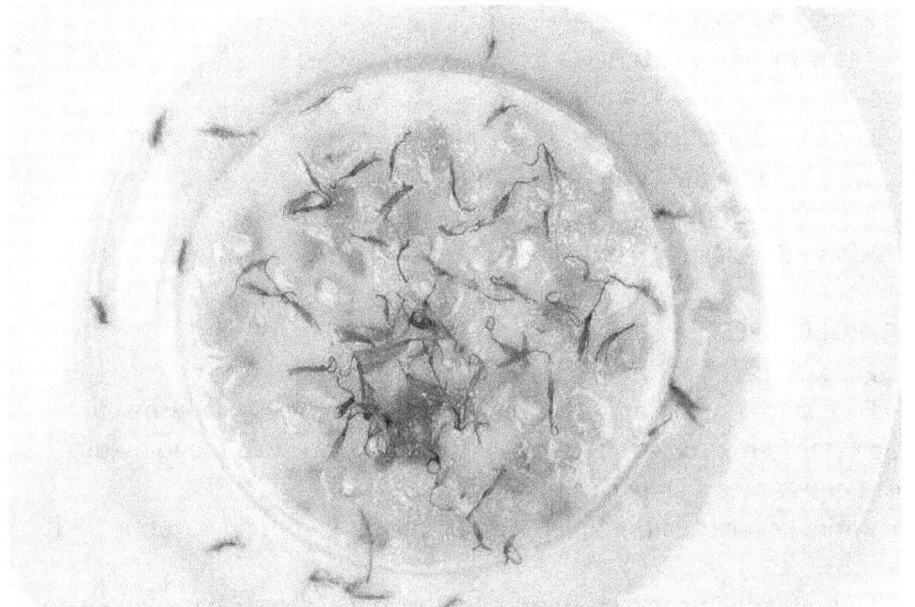

INGREDIENTES:
- 2 tazas de crema espesa
- 1 taza de leche entera
- ½ taza de azúcar granulada
- ½ cucharadita de hebras de azafrán
- 1 cucharadita de cardamomo molido
- 5 yemas de huevo grandes
- ¼ taza de azúcar granulada

INSTRUCCIONES:

a) Precalienta el horno a 325°F.

b) En una cacerola mediana, caliente la crema espesa, la leche, el azúcar, las hebras de azafrán y el cardamomo molido a fuego medio hasta que la mezcla hierva a fuego lento.

c) Retire la cacerola del fuego y deje reposar la mezcla durante 10-15 minutos.

d) En un tazón, mezcle las yemas de huevo y el azúcar hasta que estén suaves y espumosos.

e) Vierta lentamente la mezcla de crema en la mezcla de huevo, batiendo constantemente, hasta que esté bien combinada.

f) Colar la mezcla a través de un colador de malla fina para eliminar las hebras de azafrán o los trozos de cardamomo.

g) Vierta la mezcla en seis moldes de 4 onzas.

h) Coloque los moldes en una fuente para hornear grande y llénelo con suficiente agua caliente para llegar hasta la mitad de los lados de los moldes.

i) Hornee durante 40 a 45 minutos, o hasta que los bordes estén firmes y los centros se muevan ligeramente.

j) Retire los moldes del baño maría y déjelos enfriar a temperatura ambiente, luego refrigérelos durante al menos 2 horas antes de servir.

RECETAS INSPIRADA EN BRÛLÉE

97. Creme Brulée tostada francesa

INGREDIENTES:
- 4 rebanadas de pan grueso (como brioche o jalá)
- 1 taza de crema espesa
- 1 taza de leche entera
- 4 huevos
- ¼ taza de azúcar granulada
- 1 cucharadita de extracto de vainilla
- Azúcar granulada, para caramelizar

INSTRUCCIONES:

a) Precalienta tu horno a 350°F (175°C).

b) Coloque las rebanadas de pan en una fuente para horno engrasada, superponiéndolas ligeramente si es necesario.

c) En un tazón, mezcle la crema espesa, la leche entera, los huevos, el azúcar granulada y el extracto de vainilla hasta que estén bien combinados.

d) Vierte la mezcla sobre las rebanadas de pan, asegurándote de que todo el pan quede empapado.

e) Deje que el pan se remoje en la mezcla de natillas durante unos 15 minutos, presionándolo ocasionalmente para asegurar una absorción uniforme.

f) Espolvorea una fina capa de azúcar granulada sobre las rebanadas de pan.

g) Hornee durante unos 35-40 minutos, o hasta que la tostada francesa esté dorada y fijada en el centro.

h) Retirar del horno y dejar enfriar unos minutos.

i) Justo antes de servir, espolvorea una fina capa de azúcar granulada encima de cada rebanada. Usa un soplete de cocina para caramelizar el azúcar hasta que se forme una corteza crujiente.

j) Deje que el azúcar se endurezca durante unos minutos, luego sirva y disfrute.

98. Pastel de crema brulée

INGREDIENTES:
- 1 base de pastel prefabricada
- 1 taza de crema espesa
- 1 taza de leche entera
- 4 yemas de huevo
- ½ taza de azúcar granulada
- 1 cucharadita de extracto de vainilla
- Azúcar granulada, para caramelizar

INSTRUCCIONES:

a) Precalienta tu horno a 375°F (190°C).

b) Extienda la masa de pastel prefabricada y presiónela en un molde para pastel de 9 pulgadas. Recorta el exceso de masa y dobla los bordes.

c) En una cacerola, calienta la crema espesa, la leche entera y el extracto de vainilla a fuego medio hasta que comience a hervir a fuego lento. Alejar del calor.

d) En un recipiente aparte, mezcle las yemas de huevo y el azúcar hasta que estén bien combinados.

e) Vierta lentamente la mezcla de crema caliente en la mezcla de yemas de huevo, batiendo continuamente.

f) Vierta la mezcla de natillas en la base de pastel preparada.

g) Coloque el molde para pastel en una bandeja para hornear y hornee durante unos 35 a 40 minutos, o hasta que la natilla esté firme pero aún se mueva ligeramente en el centro.

h) Saca el pastel del horno y déjalo enfriar a temperatura ambiente. Luego refrigere por al menos 2 horas o toda la noche.

i) Justo antes de servir, espolvorea una fina capa de azúcar granulada encima del pastel. Usa un soplete de cocina para caramelizar el azúcar hasta que se forme una corteza crujiente.

j) Deje que el azúcar se endurezca durante unos minutos, luego córtelo y sirva.

99. Helado brulée

INGREDIENTES:
- 2 tazas de crema espesa
- 1 taza de leche entera
- ¾ taza de azúcar granulada
- 1 vaina de vainilla, partida y sin semillas
- 6 yemas de huevo grandes
- ¼ taza de azúcar granulada (para caramelizar)

INSTRUCCIONES:

a) En una cacerola, combine la crema espesa, la leche entera y ¾ de taza de azúcar granulada. Calienta a fuego medio-bajo, revolviendo ocasionalmente, hasta que hierva a fuego lento. Retire del fuego y agregue las semillas de vainilla (o el extracto de vainilla).

b) En un recipiente aparte, bata las yemas de huevo hasta que adquieran un color pálido y un poco espesas.

c) Vierta lentamente la mezcla de nata caliente sobre las yemas de huevo, batiendo constantemente para evitar que se cuaje.

d) Regrese la mezcla a la cacerola y cocine a fuego lento, revolviendo constantemente, hasta que espese y cubra el dorso de una cuchara. Tenga cuidado de no dejar que hierva.

e) Una vez que la crema esté lista, cuélala a través de un colador de malla fina en un recipiente limpio. Déjelo enfriar a temperatura ambiente, luego cubra y refrigere durante al menos 4 horas o preferiblemente durante la noche.

f) Vierta la natilla fría en una máquina para hacer helados y bata según las instrucciones del fabricante.

g) Transfiera el helado batido a un recipiente hermético y congélelo durante al menos 2 horas antes de servir.

h) Justo antes de servir, espolvoree aproximadamente ¼ de taza de azúcar granulada uniformemente sobre la superficie del helado. Utilice un soplete de cocina para caramelizar el azúcar hasta que se forme una costra dorada. Servir inmediatamente.

100. Helado de azafrán brulée con grosellas negras

INGREDIENTES:
- 2 tazas de crema espesa
- 1 taza de leche entera
- ½ cucharadita de hebras de azafrán
- 6 yemas de huevo
- ¾ taza de azúcar granulada
- 1 cucharadita de extracto de vainilla
- Grosellas negras frescas (u otras bayas), para servir
- Azúcar granulada, para caramelizar

INSTRUCCIONES:

a) En un cazo calentar la nata espesa, la leche entera y las hebras de azafrán a fuego medio hasta que empiece a hervir a fuego lento. Retirar del fuego y dejar infusionar el azafrán durante unos 10 minutos.

b) En un recipiente aparte, mezcle las yemas de huevo, el azúcar y el extracto de vainilla hasta que estén bien combinados.

c) Vierta lentamente la mezcla de crema con infusión de azafrán en la mezcla de yema de huevo, batiendo continuamente.

d) Regrese la mezcla a la cacerola y cocine a fuego lento, revolviendo constantemente, hasta que espese y cubra el dorso de una cuchara. No dejes que hierva.

e) Retirar del fuego y dejar enfriar la mezcla a temperatura ambiente. Luego refrigere por al menos 4 horas o toda la noche.

f) Vierta la mezcla fría en una máquina para hacer helados y bata según las instrucciones del fabricante.

g) Transfiera el helado batido a un recipiente y congélelo durante al menos 2 horas para que se endurezca.

h) Justo antes de servir, espolvorea una fina capa de azúcar granulada encima de cada porción. Usa un soplete de cocina para caramelizar el azúcar hasta que se forme una corteza crujiente.

i) Sirve el helado Brûlée con grosellas negras frescas u otras bayas y disfrútalo.

CONCLUSIÓN

Al llegar al final de este viaje de crème brûlée, esperamos que haya encontrado inspiración y alegría en el arte de crear este querido postre. Desde el primer crujido de la corteza de azúcar hasta la crema aterciopelada que espera debajo, la crème brûlée ofrece una experiencia sensorial como ninguna otra. Te animamos a experimentar, personalizar y dejar volar tu imaginación mientras continúas explorando el mundo de las delicias de las natillas.

Que las recetas de este libro de cocina se conviertan en las favoritas de su cocina, generando momentos de magia culinaria y haciendo sonreír a sus seres queridos. La crème brûlée es un postre que trasciende el tiempo y el lugar, y con esta colección tienes la clave para desbloquear sus posibilidades ilimitadas. Así que adelante, abrace al artista pastelero que lleva dentro y cree obras maestras de crème brûlée que dejarán una impresión duradera en todos los que las prueben. ¡Buen provecho!

www.ingramcontent.com/pod-product-compliance
Lightning Source LLC
Chambersburg PA
CBHW071330110526
44591CB00010B/1096